M. A. Mijnders–van Woerden

Bonisa

Das Mädchen, das aus dem Dunkel kam ...

Christliche Literatur-Verbreitung e. V.
Postfach 11 01 35 · 33661 Bielefeld

Ich habe andere Schafe, die nicht aus diesem Hof sind;
auch diese muss ich bringen,
und sie werden meine Stimme hören,
und es wird eine Herde, ein Hirte sein.

Johannes 10,16

1. Auflage 2012

© by M. A. Mijnders-van Woerden
Die Originalausgabe erschien erstmals 1996 unter dem Titel
»Bonisa – Een kind uit donker Afrika«
im Verlag *Uitgeverij de Banier*, Utrecht, Niederlande

© der deutschen Ausgabe 2012 by
CLV · Christliche Literatur-Verbreitung
Postfach 11 01 35 · 33661 Bielefeld
CLV im Internet: www.clv.de

Übersetzung: Hermann Grabe, Meinerzhagen
Satz: CLV
Umschlag: Andreas Fett, typtop, Meinerzhagen
Druck und Bindung: CPI – Ebner & Spiegel, Ulm

ISBN 978-3-86699-238-2

Inhalt

Vorwort

Europäische und afrikanische Missionare ...
ihr, die ihr uns mitnahmt in ferne Hütten und Krale
und in eure tiefen Wälder,
ihr, die ihr uns begleitet habt durch den Busch und durch die finsteren Nächte, voller unheimlicher Urwaldgeräusche, die von den Tieren der undurchdringlichen Wildnis herrührten,
ihr, die ihr uns in einer mondhellen Nacht an das Ufer des großen Schandingu-Flusses führtet
und bis zu dem Häuptlings-Kral in Limpo-Lupanda,
euch allen sagen wir herzlich Dank für diesen Freundesdienst.
Eurer Hilfe verdanken wir es, dass wir all diese Dinge sammeln und zu der Geschichte von Bonisa, dem Kind aus dem dunklen Afrika, verbinden konnten.

Ihr afrikanischen Freunde ...
wir sagen euch herzlichen Dank für eure Gastfreundschaft,
dass wir bei euch im Familienkreis und an eurem Herdfeuer sitzen durften,
um euren Berichten
vom Leben eures Volkes in den Urwäldern zu lauschen.
Da waren Jhula und Amos; sie übersetzten für uns die Geschichten ihres Volkes.
Da waren Tschésbo und Roger, die uns frühmorgens
in den erwachenden Wald mitnahmen,
in dem die tropischen Vögel ihr Morgenlied sangen,
wo die Impalas, Zebras, Kudus und Giraffen
im ersten Morgenlicht am Fluss ihren Durst stillten.

Ihr, die ihr uns über den Honiganzeiger und den Honigbaum
belehrtet
und uns die Wunder von Gottes Schöpfung habt erkennen lassen ...
Eure Freundschaft werden wir niemals vergessen.

Aber ..., kleine dunkle afrikanische Freunde,
Mädchen und Jungen aus Süd-, Ost-, West- und Zentralafrika,
es ist der Blick aus euren dunklen, unruhig suchenden Augen,
den wir als unauslöschliche Erinnerung
aus eurem großen Land mit heimgebracht haben.
In euren Augen war die Angst zu lesen,
wenn die Dämmerung über den Busch hereinbrach,
eure Angst vor den Geistern ...
ihr, die ihr noch umherirrt wie Schafe, die keinen Hirten haben.

M. A. Mijnders-van Woerden

Wo sind die Schafe?

Blitzschnell eilt Bonisa über den schmalen Urwaldpfad aus rotem Sand.

Ab und zu bleibt sie verschnaufend stehen, steckt die Finger in den Mund und erzeugt einen hohen zitternden Flötenton, der weit durch den stillen Busch hallt.

Sie hört vor sich und auch weit hinter sich das Blöken der Schafe und Ziegen, die sie zu ihrem Kral bringen soll. Die Tiere antworten mit ihrem Gemecker auf den Flötenton.

Ach, diese scheußlichen Viecher! Nach allen Seiten waren sie ausgewichen, als plötzlich ein großer Knüppel nach ihnen geworfen wurde, der mitten zwischen den Tieren landete. Erschrocken flohen sie überall hin.

Bonisa weiß ganz genau, wer das Stück Holz nach ihnen geworfen hatte, es kam nämlich aus dem Maisfeld von Nkube.

Nkube ist der Nachbar aus dem anderen Kral. Sicher hatte er Angst, Bonisas Schafe und Ziegen würden in sein Maisfeld kommen und von den Mais- und Zuckerrohrpflanzen fressen.

Aber jetzt muss sie dafür sorgen, dass die ganze Herde wieder zusammenfindet und noch vor dem Dunkelwerden in den Kral gebracht wird.

Die Schafe und Ziegen, die vorausliefen, werden wohl selbst den Weg zum Kral finden; aber die Tiere, die in andere Richtungen geflohen sind, muss sie allesamt erst einmal zurückholen. So kehrt sie um, so schnell sie kann, und eilt über den Buschpfad zurück.

Ihre dunklen Arme pendeln rechts und links neben ihrem schmächtigen Körper, während sie – so schnell es irgend geht – den Pfad entlangeilt, sodass der rote Sand hochgewirbelt wird.

Aha! Da sieht sie einige Schafe im Wald, die wieder ruhig geworden sind und die Blätter eines tief herabhängenden Astes fressen.

Mit einem Sprung ist sie im Busch und rennt mit bloßen Füßen durchs Gesträuch zu ihren Schafen.

»Los! Ab nach Hause!«, ruft sie ärgerlich und gibt den Tieren mit dem dünnen Stab in ihrer Hand ein paar Schläge auf den Rücken.

Die Schafe schrecken auf. Ihnen gefällt es gar nicht, die eben gefundenen saftigen Blätter zu verlassen, doch sie laufen jetzt davon, wobei sie immer wieder von dem Stock getroffen werden, wenn sie in eine falsche Richtung laufen wollen.

Das Mädchen rennt hinter ihnen her. Sie bückt sich, um geschmeidig den tief hängenden Ästen auszuweichen. Sie springt über Dornsträucher und zerkratzt ihre Beine an spitzen Stacheln; aber sie tut, als merkte sie das gar nicht.

Ihr ist nur wichtig, dass die Herde schnell nach Hause kommt, weil die Dämmerung bereits beginnt, sich über die Wälder herabzusenken.

»Hallo, Bonisa!«, ruft plötzlich eine Stimme aus dem Wald. »Warum passt du nicht besser auf deine Schafe auf? Ich habe hier einige bei meiner Kuhherde. Sie rannten über den Hügel ins Tal hinunter; aber ich habe sie mitsamt den Kühen wieder hierhergetrieben.«

Das Mädchen steht still. Sie wischt mit der Hand den Schweiß vom Gesicht und versucht, einige trockene Blätter und Aststücke aus ihrem kurzen Kraushaar zu streichen.

»Hallo, Tukula«, redet sie ein wenig erschrocken den jungen Afrikaner an, der mit einer Herde rotbunter Kühe auf sie zukommt.

Tukula bleibt dicht vor ihr stehen, blickt sie böse an und sagt: »Bonisa … bist du noch so klein, dass du nicht einmal richtig für die Schafe sorgen kannst? Es ist fast dunkel, und die Schafe und Ziegen irren allein im Wald umher. Gleich, in der Nacht, werden die Hyänen und wilden Hunde sie zerreißen.«

»Nein, ganz und gar nicht! Ich passe immer gut auf die Herde auf. Jeden Abend komme ich mit allen Tieren vor dem Dunkelwerden in den Kral zurück. Aber … aber Nkube war in seinem Maisfeld. Er schrie die Schafe an und warf einen Knüppel nach der Herde, da flohen die Tiere nach allen Seiten auseinander«, verteidigt sich Bonisa. »Ich konnte nichts dagegen machen!«

Tukula ist der älteste Sohn des Häuptlings über alle Krale im Lupanda-Tal. Er hat die größte Herde mit schönen rotbunten Kühen. Sie haben derart lange spitze Hörner, dass sie einen Leoparden damit in die Luft schleudern und sofort töten können.

Tukula lässt seine Hand schwer auf Bonisas Schulter ruhen. Er blickt ihr weiter in die Augen und fragt:»Wenn du nach Hause kommst und einige Schafe fehlen, was sagt dein Vater dann?«

Bonisas dunkle Augen blicken ihn ängstlich an, und sie antwortet schüchtern:»Ich darf nicht nach Hause kommen, wenn von den Schafen welche fehlen.«

»Na, dann kannst du heute Nacht im Busch bleiben; denn ich sah noch drei Schafe ins Tal laufen. Die kannst du vor dem Dunkelwerden nicht mehr in den Kral bringen.«

Ihr graust, wenn sie daran denkt, dass sie in der finsteren Nacht nicht in der Hütte schlafen darf, sondern durch den Busch rennen muss, um die Schafe zu suchen.

Die Rinderherde ist nahe herangekommen und steht jetzt rings um Tukula herum. Einige Tiere versuchen, seine Hände zu lecken. Dabei legt die größte und älteste Kuh der Herde ihren Kopf auf Tukulas Schulter – ganz vorsichtig, als wüsste sie, wie gefährlich ihre langen Hörner sind.

Der Junge spricht mit seinen Tieren, doch dann sagt er plötzlich sehr streng:»Geh nach Hause, Bonisa, und sorge dafür, dass du von jetzt an die Herde beieinanderhältst. Die Schafe unten im Tal musst du einfach laufen lassen. Er wird jetzt zu dunkel, um sie zu holen.«

Dann treibt Tukula seine Tiere auf den Weg, der über die Hügel immer weiter nach oben führt. Noch einmal blickt er dem Mädchen nach, das wieder durch den Busch trabt und pfeift, um die Schafe und Ziegen zusammenzubringen.

Das letzte Abendrot verglüht. Die Sonne ist längst hinter den Bäumen verschwunden, als Bonisa ihre Herde neben dem Kral hinter die Umzäunung treibt.

Es ist heute spät geworden. Die Tiere wurden schon scheu und unruhig. In der Dunkelheit fühlen sie sich nämlich nur geborgen, wenn sie ihr eigenes sicheres Nachtlager haben.

Als sie den Schließbalken der Umzäunung umlegt, blickt sie noch einmal über alle Tiere. Sie stehen nun zufrieden meckernd und dicht aneinandergedrängt in ihrem Pferch.

Sie versucht, angesichts des wolligen Durcheinanders herauszufinden, welche Schafe fehlen. Die meisten Schafe sind völlig weiß;

aber ihr Lieblingsschaf hat einen schwarzen Kopf mit einem weißen Streifen zwischen den Augen.

Dieser Streifen ist oben am Kopf ganz schmal, wird aber zum Maul hin immer breiter. Sie nennt es Schwarzkopf. Es ist immer in ihrer Nähe! Wenn es zur Mittagszeit schrecklich heiß ist und sie sich mit der Herde im Schatten des Tschabéla-Baumes ein Schläfchen gönnt, dann liegt Schwarzkopf immer neben ihr und legt den Kopf auf ihren Arm. Manchmal schläft sie ganz lange und merkt gar nicht, dass die Herde schon wieder zu grasen begonnen hat und langsam zum Bembasi-Fluss hinabzieht, um zu trinken. Die Tiere haben nämlich viel Durst, wenn die Sonne heiß auf den afrikanischen Busch herabbrennt. Dann weckt Schwarzkopf sie auf, indem es über Bonisas Gesicht leckt und leise blökt.

Sofort ist sie dann wach und folgt der Herde die Hügel immer weiter hinab. Selbst wenn sie schnell rennt; bleibt Schwarzkopf immer in ihrer Nähe. Darum liebt sie das Schaf auch so sehr.

Mit großer Spannung sucht sie nun zwischen den sich bewegenden Tieren nach Schwarzkopf. Aber es ist nicht da. Die gesamte Herde besteht aus 62 Schafen und Ziegen, von denen 12 einen schwarzen Kopf haben; aber bei jedem Tier sehen die schwarzen Flecken anders aus. Sie kennt alle Schafe und Ziegen sehr genau … Aber Schwarzkopf ist nicht dabei!

Sie bückt sich und kriecht unter dem Schließbalken der Umzäunung hindurch und läuft suchend zwischen den Tieren herum.

»Schwarzkopf!«, ruft sie, »Schwarzkopf, wo bist du?«

Die Schafe blöken, die Ziegen meckern; aber kein Schwarzkopf kommt auf sie zugelaufen, um den Kopf in ihre Hände zu legen und freundschaftlich an ihrem Arm zu lecken.

Bonisa wird fast übel. Sie lehnt sich an die raue Umzäunung aus Baumstämmen … und wieder suchen ihre Augen im letzten Abendlicht, welche Schafe außerdem fehlen.

Noch zwei weitere Schafe sind nicht heimgekommen: das junge mit den schwarzen Vorderbeinen und das größere Schaf mit einem schwarzen Ohr. Bonisa kennt ihre Schafe und Ziegen sehr genau.

Noch nie ist ihr eins fortgelaufen, und jeden Abend ist sie vor dem Dunkelwerden rechtzeitig mit der Herde im Kral.

Sie hält sich an der Hecke fest und lehnt ihren Kopf an einen der Stämme. Sie fühlt sich ganz elend. Sie möchte weinen; aber das tut man nicht.

Nein, nein, nur kleine Babys tun das, wenn sie Hunger haben. Wenn man so groß ist, dass man die Herde weiden kann, dann darf man nicht mehr weinen!

»Aaah …! Bonisa, du kommst heute spät mit den Schafen heim«, sagt eine fröhliche Jungenstimme hinter ihr.

Es ist Nkwee, ihr älterer Bruder von 14 Jahren, der die wenigen Kühe seines Vaters hüten muss. Er hat die Umzäunung des Vieh-Krals noch einmal nachgesehen und geprüft, ob die Tiere während der Nacht auch nicht ausbrechen können. Wenn sie nämlich die Schließbalken mit ihren Hörnern aus den Halterungen gehoben haben, ist der Weg nach draußen frei.

Insbesondere zwei störrische Kühe sind dabei, die immer wieder versuchen, nachts auszubrechen. Sie wissen wohl, dass in der Nähe, auf dem Maisfeld des Nachbarn Nkube, sehr leckere Mais- und Zuckerrohrpflanzen zu finden sind.

Bonisa weiß keine Erwiderung. Sie steht, still an das Gatter gelehnt, wobei ihre Hände einen Pfahl umklammern.

»Nanu, hast du die Sprache verloren?«, fragt Nkwee und zieht an ihrem kurzen Kraushaar, um sie zu ärgern. Weil sie aber immer noch nichts sagt, merkt er, dass wohl irgendetwas nicht in Ordnung ist.

Er läuft auf den Schließbalken der Umzäunung zu, springt mit einem eleganten Satz hinüber und steht nun direkt neben seiner Schwester.

»Hast du gar keinen Hunger?«, fragt er. »Warum gehst du nicht in den Kral zu den Kochtöpfen?«

»Drei Schafe sind noch im Wald«, antwortet sie bedrückt, »zwei von meinem Vater und mein schönes Schwarzkopf.«

Da wird Nkwee böse. Er ballt seine Fäuste vor ihrem Gesicht. »Weiß unser Vater das schon?«

»Nein, ich trau mich nicht, in den Kral zu kommen.«

»Dann bleib hier. Ich werde es ihm sagen.«

Nkwee geht fort, springt wieder über den Schließbalken der Schafhürde und läuft schnell in den Kral, wo die Frauen damit beschäftigt sind, das Abendessen zuzubereiten.

»Uhhji …!«, ruft der Junge, als er keuchend stillsteht. »Bonisa vermisst drei Schafe aus der Herde. Sie sind noch im Wald!«

Einige Frauen, die auf der Erde hocken und das Maismehl mit Wasser vermengen, springen sofort auf und rufen erschrocken: »Uhhji …! Drei Schafe sind fort! Uhhji …!«

Aus der größten Hütte, die mitten im Kral steht, kommt ein großer, Angst einflößender schwarzer Mann auf die erschrockene Familie zugelaufen.

Die Frauen und Kinder gehen beiseite und machen ihm Platz, sodass er mit Nkwee sprechen kann.

Nahe beim Holzfeuer bleibt er stehen und blickt den Jungen drohend mit Unheil verkündenden Augen an.

»Sprich, Nkwee!«, sagt er schroff.

Der Junge zögert einen Augenblick. Inzwischen kommen die Frauen und Kinder auch wieder zum Feuer zurück. Sie stellen sich im Halbkreis hinter Nkwee auf, um ja nichts von dem Gespräch zu verpassen.

»Die Schafe sind in den Kral zurückgekommen; aber die traurige Nachricht ist, dass drei Schafe noch im Wald sind. Bonisa ist doch zu klein. Sie kann allein nicht für die Herde sorgen.«

Nkwee ist einen Schritt zurückgetreten, während er diese Unglücksbotschaft seinem Vater überbringt.

Er schweigt.

Auch die Frauen treten – im Dämmerlicht kaum sichtbar – einige Schritte zurück.

Die kleinen Kinder fühlen die Spannung, die in dieser Stille liegt, und drängen sich eng aneinander. Es scheint, als ob Vundla, Bonisas Vater und zugleich das Familienoberhaupt dieses Krals, jetzt noch größer erscheint, als er so schon ist.

Er reckt sich und richtet seinen Kopf in die Höhe, während seine Augen vor Zorn flackern.

»Geh, hol Bonisa!«, kommandiert er. »Und du, Sikla, hol die Peitsche aus meiner Hütte!«

Von den Frauen ist ein leises Gemurmel zu hören.

Eine zarte Frau mit einem Baby im Tragetuch über ihrem Rücken macht einige zaghafte Schritte nach vorn. Sie hat den Kopf gesenkt und macht tiefe Verbeugungen vor dem wütenden Mann. Dann richtet sie sich ein wenig auf und bleibt in leicht gekrümmter Haltung vor ihm stehen.

»Vundla, bestrafe mein Kind nicht, es ist noch so jung. Ich werde in den Busch gehen und die Tiere suchen. Noch vor Sonnenaufgang werde ich mit den Tieren zurück sein«, sagt sie leise.

»Sorg du lieber dafür, dass du mehr Mais und Weizen auf deinem Feld erntest«, sagt der Mann grob. »Bonisa soll selbst die Schafe suchen und nach Hause bringen!«

Ganz leise kommt Sikla aus der Hütte zurück und übergibt seinem Vater die Peitsche. Dann macht er sich davon, ganz weit, bis an den Außenrand des Krals – so, als fürchte er sich, selbst gestraft zu werden.

Wieder ist es still im Kral ... schrecklich still ... Nur die trockenen Zweige im Holzfeuer knacken. Rote Flämmchen lecken an dem schwarzen Topf in die Höhe, in dem der Maisbrei kocht.

Dann kommt Nkwee durch die Öffnung in der Umzäunung des Krals. Er geht langsam und bedächtig, aber stolz und hochgereckt.

Ihm folgt, klein und ängstlich, Bonisa. Sie merkt, wie still es im Kral ist. Alle Frauen und Kinder blicken auf sie.

Zwei Meter vor ihrem Vater macht sie eine Verbeugung vor ihm und hockt sich dann hin.

»Wie wagst du, in den Kral zu kommen, obwohl du drei Schafe verloren hast?«, schreit der wütende Mann sie an.

Bonisa erhebt sich erst, bevor sie antwortet. »Ich wagte nicht, in den Kral zu kommen. Darum blieb ich bei den Schafen in ihrem Nacht-Kral; aber Nkwee hat mich geholt«, sagt sie ängstlich.

»Du glaubst doch wohl nicht, dass du heute Nacht in der Hütte schlafen darfst?«, tobt der Mann.

Sie gibt keine Antwort, sondern bleibt mit gebeugtem Kopf vor ihm stehen.

Vundla lässt seine Peitsche dicht vor Bonisa auf und ab sausen, um ihr bange zu machen. Die Peitsche knallt richtig – sonst herrscht angespannte Stille im Kral.

»Morgen«, brüllt er, »morgen werde ich dich diese Peitsche spüren lassen, wenn du es wagst, ohne die Schafe heimzukommen. Was taugen solche Kinder, die mein Vieh nicht hüten können?«

Vundla spricht aufgeregt und wütend. Er befiehlt Bonisa, mit ihm zum »Geisterbaum« zu kommen.

Sie läuft hinter ihm her, klein und ängstlich, während ihr Vater wiederholt mit der Peitsche knallt.

Der wichtigste Platz im Kral ist die große Hütte, in der das Familienoberhaupt wohnt. Seine Hütte wurde neben einem hohen Tschabéla-Baum gebaut, der seine dicken grünbelaubten Äste weit ausgebreitet hat. Der Vater sagt, dass in diesem Tschabéla-Baum die Geister der Vorfahren wohnen, die aus dem dichten Blätterdach auf die Bewohner des Krals herabblicken.

Wenn irgendetwas im Kral geschieht, sehen die Geister es. Wenn etwas gesprochen wird, hören die Geister es. Und wenn sie nicht ausreichend verehrt werden, lassen sie allerlei Unglück und Unheil im Kral geschehen.

Vundla, der Herr des Krals, verehrt die Geister mit ganzer Seele und betet zu ihnen, auch heute Abend wieder. Er hält vor dem »Geisterbaum« an.

Bonisa muss neben ihm stehen. Die Frauen und Kinder sind ihnen voll schaudernder Ehrfurcht gefolgt und lauschen.

Es ist ganz still im Kral. Eine eigenartig dunkle, warme Stille herrscht unter dem Tschabéla-Baum. Das ist die wundersame Stille des afrikanischen Buschs. Nur das Zirpen der Zikaden kündigt die kommende Nacht an.

Vundla macht unter dem Tschabéla-Baum eine Verbeugung und bittet: »Amadhlozi, bewahrt uns und lasst uns unsere Schafe wiederfinden. Zerstört die Macht der Geister unserer Feinde. Wir werden euch dafür verehren. Macht unsere Familie und die Kinder stark und mutig, sodass wir viele Feinde töten können, damit unsere Geister einmal in der Geisterwelt einen geehrten Platz erhalten werden.«

Nun schweigt der Mann einige Zeit, in deren Verlauf Bonisa aus Angst ihre kleinen Hände zu Fäusten zusammenballt. Sie wartet auf die Strafe, die über sie verhängt wird.

Ihr Vater beginnt wieder, mit tiefer Stimme zu sprechen, wobei er seine Hand auf Bonisas Kopf legt. »Amadhlozi, ihr werdet mit Verachtung auf dieses Kind unserer Familie herabsehen. Es hat unsere Herde nicht vor der dunklen Nacht in unseren sicheren Kral und unter eure Beschirmung gebracht. Viele Geister unserer Feinde schweben in der Nacht durch den Busch. Sie können unsere Schafe töten. Dieses Kind aus unserer Familie ist schuld daran. Es soll in den Busch gehen und die Schafe suchen. Bewahrt die Schafe vor den bösen Geistern, damit sie sicher nach Hause kommen. Dann werden wir euch mit einem Opferfest ehren.«

Bonisa macht nun auch eine Verbeugung unter dem Tschabéla-Baum und blickt vorsichtig in das dichte Blattwerk, das leise im Abendwind säuselt.

Ein Schreck durchfährt sie, als plötzlich in der Baumkrone rotgoldene Lichtpunkte sichtbar werden und über ihrem Kopf auf und ab tanzen.

»Uhhji ...!«, rufen die Frauen, als sie die kleinen Lichter sehen. Das ist ein gutes Zeichen. Die Geister schicken eine Gruppe Glühwürmchen, die überall herumfliegen und mit ihrem nächtlichen, zauberhaften Spiel den Weg zeigen sollen.

Die Lichtpunkte schweben kurz noch einmal über dem »Geisterbaum«, um dann plötzlich mitten in den Kral zu schießen.

»Aaah ...!«, rufen die Frauen aufgeregt. »Schnell, Bonisa, folge den kleinen Lichtern, die Amadhlozi haben sie dir geschickt! Sie werden dir den richtigen Weg zeigen.«

Bonisa folgt mit ihren Blicken genau den auf und nieder tanzenden Lichtpunkten. Sie rennt zum Ausgang des Krals und folgt den Glühwürmchen in die immer dunkler werdende Nacht.

Im Kral gehen die Frauen wieder zu ihren Kochtöpfen. Sie schieben neue Zweige in die Glut unter den Feuerstellen und rühren den Maisbrei um.

Die Kinder setzen sich, dicht aneinandergedrängt, auf die Erde und flüstern leise miteinander.

Silka hat bereits einige Male zu seinem Vater hinübergeblickt, ob er die Peitsche in die Hütte zurückbringen soll. Aber sein Vater hat sich vor den Eingang seiner Hütte hingehockt und murmelt unverständliche Worte, während er immer noch unruhig mit der Peitsche auf den Boden schlägt. Seine Frauen und Kinder würdigt er keines Blickes.

Er denkt daran, wie viel Verdruss er in letzter Zeit erfahren musste. Ein Trupp Stachelschweine hat sein Erdnussfeld heimgesucht. Sie haben den Boden umgewühlt und die schönen Pflanzen ausgerissen. Neulich ist eine Affenherde mit munterem Gekreisch aus dem Busch gekommen und hatte viele Nüsse geklaut. Die kleinen Jungen aus dem Kral haben wohl ihre Knüppel geschwungen und lautes Geschrei erhoben, um die Affen zu vertreiben; aber die niederträchtigen Viecher kamen immer wieder zurück.

Der Mais ist auch in diesem Jahr nicht gut geraten. Die Pflanzen blieben niedrig und die Kolben klein.

Zwei Kühe sind ihm gestorben, weil ein böser Geist sie krank machte – wenigstens meint er es so.

Ja, ja, die Geister der Ahnen werden wütend sein. Man muss sie eifriger verehren, dann wird alles besser werden, und alles Unheil wird aufhören!

Vundla ist tief in Gedanken versunken. Er merkt nicht einmal, dass MaMoyo, seine älteste Frau, sich nahe vor ihm hingehockt hat und ihm auf der ausgestreckten Hand einen gegarten Maiskolben entgegenhält.

Er denkt an Bonisa, die ohne die drei Schafe nach Hause kam.

Na, warte! Wenn sie morgen früh ohne die Schafe aus dem Busch zurückkommt, wird er sie mit seiner Peitsche bearbeiten! Da hat sie drei prächtige Schafe verspielt, während er für Bonisas Mutter immer noch drei Kühe als Brautpreis abzuliefern hat.

Vundlas Gedanken werden immer trüber.

Als er Wanda, Bonisas Mutter, heiratete, musste er ihrem Vater sieben Kühe als Brautpreis übergeben. Seit der Hochzeit heißt sie MaWanda. Damals konnte er nur vier Kühe entbehren und versprach, die restlichen drei Kühe in ein paar Jahren zu bezahlen.

Inzwischen hat es schon elf Mais-Ernten gegeben, seit MaWanda in seinen Kral gekommen ist, und er hat die Kühe immer noch nicht bezahlt.

Wenn diese Mais-Ernte vorüber ist, wird ihr Vater kommen, von weit her aus dem Norden, von jenseits des großen Schandingu-Flusses.

Er wird sich nach den drei Kühen oder nach einer anderen Bezahlung erkundigen; denn so lauten die Gesetze in seinem Volk. Nach zwölf Jahren muss der Brautpreis bezahlt sein, und wenn er nicht bezahlen kann …

Vundla seufzt tief … Dann wird MaWandas Vater eine seiner Töchter als Bezahlung mitnehmen.

Das aufgeregte Gebell eines Hundes, der plötzlich durch den Kral hinter irgendetwas herjagt, weckt ihn aus seinen Gedanken. Er blickt auf und sieht nun auch MaMoyo vor sich hocken, mit dem Maiskolben in ihrer Hand. Ahh! Das ist gut! Er spürt plötzlich mächtigen Hunger. Als er der Frau zunickt, dass er den Maiskolben haben will, steht sie auf. Sie pellt die Schutzblätter von dem Kolben ab und legt den noch etwas warmen Kolben in seine Hand. Sie hat den schönsten und größten für ihn ausgesucht. Dann geht sie ans Feuer zurück – zu dem Topf mit dem Maisbrei, um den Kindern etwas zu essen zu geben. Dadurch kehrt bei den Kindern wieder eine fröhlichere Stimmung ein.

Der Hund jagt immer noch bellend auf dem Hof herum, und weil er so wild und böse ist, rennt er in blinder Hast MaWanda um, die am Feuer sitzt. Sie rollt mitsamt ihrem Baby auf dem Rücken auf dem Boden herum, und das Schüsselchen mit Maisbrei, das sie in der Hand gehalten hat, fällt ebenfalls zu Boden. Der Brei liegt im roten Sand des Hofes.

Zwei kleine Ferkel haben sich über den Brei hergemacht, und der Hund – nun endlich ruhig geworden – leckt die Schüssel aus.

Das geht alles so schnell, dass MaWanda nur verwundert dreinschaut. Sie begreift kaum, wie sie um ihr Abendessen gekommen ist.

Jetzt hat MaMoyo die aus Stroh geflochtene Schlafmatte nahe beim Feuer ausgerollt. Sie kniet sich darauf hin und teilt in großen Portionen den dicken Maisbrei aus.

Vier Mädchen und fünf Jungen hocken schon um dasselbe Feuer. Sie halten MaMoyo ihre offenen Hände entgegen, damit sie ihnen den steifen Brei hineinfüllen kann, der inzwischen schon einigermaßen abgekühlt ist. Von dem großen Klumpen kneifen sie kleine Portionen ab, die sie zwischen den Fingern rollen und in einen Topf mit einer Gewürzbrühe tauchen, um sie dann in den Mund zu stecken. Das schmeckt!

Fleisch gibt es höchst selten. Vater Vundla ist ziemlich geizig, sonst hätte er ja längst ein Schwein geschlachtet. Aber auch auf Jagd mag er nicht gern gehen. Er liegt lieber in seiner Hütte und treibt seine Frauen zur Arbeit an.

Die Kinder reden eifrig durcheinander und schmieden Pläne, wie sie morgen im Busch Vögel fangen wollen.

Nkwee und Sikla sollen einen Bogen machen und später die gefangenen Vögel über dem Feuer rösten, weil sich die Kühe ja doch in der Mittagshitze im Schatten der Bäume ausruhen.

MaWanda, also Mutter Wanda, ist mit wankenden Schritten zu ihrer Hütte gegangen. Missmutig hat sie sich auf dem Boden hingesetzt.

Sie versucht, das schreiende Baby zu beruhigen, indem sie ihm etwas saure Milch aus einer Kalebasse gibt, die hinten in der Hütte steht. Zum Glück wird das Kind dadurch still!

Sie hat wohl gemerkt, dass die Kinder und die anderen Frauen ihres Mannes sie auslachten, als sie umfiel. Ja, ja, es ist leider so: Niemand hält viel von ihr.

Es macht ihr große Sorge, dass sie so schwach ist und sich stets so müde fühlt. Wenn sie aus dem Fluss Wasser holt, füllt sie die Kalebasse nur halb voll. Das dürfen die anderen Frauen aber nicht sehen. Eine große Kalebasse mit 20 Litern kann sie nicht mehr auf dem Kopf tragen.

Auch schwere Ladungen von Schilfgras oder Holz kann sie kaum noch schleppen. Manchmal meint sie, sie würde bald sterben.

Aber sie darf noch nicht sterben! Sie muss noch hart arbeiten; denn es müssen noch drei Kühe für sie bezahlt werden.

Wenn sie stirbt, bevor der Brautpreis bezahlt ist, wird ihr Geist nicht mit den Geistern der Ahnen in diesem Kral wohnen dürfen, sondern einsam durch die Wildnis schweben – so heißt es wenigstens in ihrem Stamm.

Sie sucht in der Hütte nach dem Zuckerrohrstängel, den Bonisa ihr gestern mitgebracht hat. Ah, da ist er! Sie bricht ein Stück ab und kaut es ganz klein. Das süße, mehlige Zuckermark aus dem Stängel nimmt sie aus dem Mund und füttert damit ihr Baby.

Gierig isst das Kind den Brei auf und schläft danach ganz ruhig ein.

MaWanda bleibt lange Zeit mit dem schlafenden Kindchen auf ihrem Schoß sitzen, tief in ihre trüben Gedanken versunken.

Wo mag Bonisa jetzt sein? An anderen Abenden half Bonisa ihr, den Brei zuzubereiten und für das Brüderchen zu sorgen, während sie den Kral für die Nacht durchfegte. Jetzt sitzt sie allein da und denkt voller Schrecken an das Kind, das ganz ohne Schutz die Nacht im Busch zubringen muss.

Sie wird in ihren Gedanken von der tiefen Stimme Vundlas aufgeschreckt. Er ruft ihren Namen. MaWanda weiß schon, was er will. Sie soll mit den anderen Frauen den roten Sandgrund des Krals fegen.

Vorsichtig lässt sie das schlafende Kind in dem Tragetuch auf den Rücken gleiten, nimmt aus der Hütte einen großen, dicht belaubten Ast und läuft zur Umzäunung des Krals.

Die anderen Frauen kommen ebenfalls mit ihren Ästen herbei. Sie stehen jeweils an einem bestimmten Teil der Hecke. Mit kräftigen Schwüngen ihrer Äste beginnen sie, die rote Erde zu fegen. Dabei laufen sie – immerfort fegend – rückwärts, sodass vor ihnen eine glatte Sandfläche entsteht. Alle Fußspuren des ganzen Tages werden so verwischt.

Am Morgen wird Vundla, der Herr des Krals, als Erster aus seiner Hütte gehen. Dann wird er auf dem glatt gefegten Boden sehen können, welche Menschen oder Tiere Spuren in den roten Sand gedrückt haben.

Sollte die Spur eines Leoparden zu sehen sein, wird er schnell auf Jagd gehen, um das Tier zu fangen. Manchmal sind auch die Spuren von Impalas, wilden Schweinen und Hyänen zu sehen. Dann wissen alle Bewohner des Krals, von wem sie in der Nacht bedroht waren.

Während MaMoyo (Mutter Moyo) und die anderen beiden Frauen längst mit dem Fegen fertig und in ihren Hütten verschwunden sind, schwingt MaWanda noch immer zitternd und keuchend vor Schwäche ihren Ast über den Boden des Krals.

Sie fühlt sich krank und schlurft langsam, dabei immer fegend, rückwärts, bis sie am Eingang ihrer Hütte angekommen ist.

Kurz schweift ihr Blick noch einmal über den stillen Kral – bis in die dunkle Ferne, wo schwaches Mondlicht den schwarzen Busch beleuchtet. Da, weit hinten, ist ihr Kind, da ist Bonisa!

Nacht im Urwald

So schnell sie konnte, war Bonisa den Glühwürmchen auf dem schmalen Pfad gefolgt, der durch den Busch bergauf führt, zu den höheren Kuppen der Lupanda-Hügel. Ganz schnell war sie an dem Kral von Nkube vorbeigelaufen; doch gleich dahinter waren die flackernden Lichter plötzlich verschwunden. Neue Angst überfällt sie. Warum sind die kleinen Lichter jetzt fort?

Und das passiert ausgerechnet bei Nkube, ihrem Feind, der ihre Schafe bezaubert hat, sodass sie derart weit auseinandergestoben sind, als er das große Stück Holz nach ihnen geworfen hat.

Sie späht überall in die Dunkelheit, um die rotgoldenen tanzenden Lichter wiederzufinden. Sollten die Geister der Ahnen ihr jetzt nicht mehr helfen wollen? Ja, natürlich, die bösen Geister in Nkubes Kral! Sind sie so mächtig, dass sie die kleinen Lichter der Glühwürmchen getötet haben? Aber – oh weh! Werden sie Bonisa dann ebenfalls umbringen?

Sie will so schnell wie möglich den gefährlichen Geistern in Nkubes Kral entkommen.

So rennt sie weiter, immer bergauf; denn der Pfad führt auf den Gipfel des Hügels. Sie wird müde und bleibt stehen. Genau vor ihren Füßen schleicht eine kleine dunkle Gestalt über den Weg. Es ist eine große Eidechse mit einem langen raschelnden Schwanz, die hinter einem Beutetier her ist. Beide verschwinden im Gras.

Dann ist es wieder still.

Bonisa blickt umher. Wohin soll sie nun gehen? Die Nacht hat gerade erst begonnen und wird noch lange dauern.

Wo sind ihre Schafe? Und wo soll sie suchen?

Wohin sie auch blickt, überall erkennt sie nur dunkle Bäume mit dicht belaubten Blättern. Und in den Bäumen sollen die Geister hausen. Alle bösen Geister scheinen sie anzustarren, als wollten sie ihr Böses antun.

Sie muss weiterlaufen. Von großer Angst aufgeschreckt, folgt sie dem Pfad bis oben auf den Hügel.

Keuchend steht sie eine Weile still. Sie zittert vor Angst und Einsamkeit in der großen finsteren Wildnis. Dann läuft sie den Berg hinab. Dort unten ist richtiger Urwald, weil es dort genügend Wasser gibt.

Bonisa ist noch jung; aber sie ist ein Kind des Urwaldes und der Steppe. Sie kennt die Laute des Buschs. Sie weiß, welche Waldtiere nach dem Dunkelwerden ihre Schlafstellen aufgesucht haben.

Die Antilopen, Impalas, Springböcke und Gnus sind jetzt in dichtem Busch verschwunden; aber diese sind nicht gefährlich und werden ihr nichts tun.

Wenn die Sonne untergegangen und die Dämmerung der tiefen Nacht gewichen ist, dann ist es zunächst im afrikanischen Busch eine Zeit lang still – Angst einflößend still. Kleinere, aber auch riesengroße Bäume stehen wie schwarze Giganten unbeweglich in der unermesslichen Wildnis. Wo genügend Wasser vorhanden ist, wachsen zwischen den großen Bäumen Riesenfarne und Sträucher so dicht, dass man den Boden nicht sehen kann. Dort hausen die Erdferkel und die Ameisenbären mit ihren langen Schnauzen, aber auch die Mambas und die Wildkatzen.

Jetzt ist sie an den Rand des Urwaldes gekommen. Über ihr bewegt sich ein Ast – erst leicht, dann immer stärker. Es kracht und knackt. Eine dunkle Gestalt kriecht auf dem Ast entlang, sodass dieser auf und ab schwingt.

Plötzlich ertönt von einem Baum her ein lauter Schrei in der Stille der Nacht, gefolgt von wildem Geschrei aus der Richtung der anderen Bäume.

Es sind die Paviane, die sich zurufen, weil sie ihren nächtlichen Streifzug durch die hohen Baumkronen beginnen wollen.

Ein Affenmännchen, der Anführer des Trupps, der oben über Bonisas Kopf im Baum das erste Signal gegeben hat, lässt sich an dem Ast hinunter, springt kurz vor dem erschrockenen Mädchen auf den Boden, und läuft neugierig um sie herum. Sie bleibt unbeweglich stehen. Vielleicht wird der Affe ihr dann nichts antun. Der Affe findet das Mädchen aber nicht interessant genug, um sich lange mit ihr zu beschäftigen. Er läuft zu dem Baum zurück und schwingt sich in rasender Eile wieder nach oben. Dann beginnt ein lautes Geschrei. Die Affen jagen hintereinander her, schwingen sich von einem Baum zum anderen und verschwinden allesamt in den Tiefen des Urwaldes.

Dann herrscht wieder eigenartige Stille im Wald.

Bonisa kneift sich vor Aufregung fest in die Hände. Welche neuen Geräusche wird es nun geben?

Eine Waldeule flattert dicht an Bonisas Füßen vorbei. Sie jagt eine Eidechse.

Hier und da beginnen die niedrigeren Zweige der Sträucher, sich zu bewegen und zu knacken. Dazu kommt ein leises Brechen von dürren Ästen auf dem Boden. Es lässt ihre Angst immer größer werden.

Überall kommt nun Bewegung in den Busch. Das sind die Geräusche herumkriechender Nachttiere, die ihre Verstecke verlassen haben, um Beute zu machen.

Sie hört die Tiere, doch sie kann sie nicht sehen, und sie zittert am ganzen Leib, als in der Ferne das lachende Geheul einer Hyäne durch den Wald klingt.

Bald danach vernimmt sie aus verschiedenen Richtungen das Geheul von Schakalen und Wildhunden.

Das treibt die Angst des Kindes auf den Höhepunkt.

Die Schakale und Wildhunde sind gefährliche Feinde der Leute hier. Diese schrecklichen Raubtiere suchen während der Nacht nach Beute, um sie zu töten und zu zerreißen.

Wohin soll sie fliehen?

Bonisa hat als Kind der Wildnis keine Hoffnung, dass es für sie noch Rettung gibt. Die bösen Geister ihrer Feinde lauern an allen Ecken auf sie. Sie ist von der Wildnis mit ihren drohenden Gefahren gänzlich eingeschlossen.

Von Kraftlosigkeit überwältigt, sinkt sie zu Boden und bleibt dort liegen, zusammengekrümmt und steif vor Angst. Ihr Kopf sinkt auf die Knie, und sie schluchzt vor Elend und Verlassenheit.

Über dem Lupanda-Tal geht der Mond auf.

An einer Bergflanke steht ein junger und stolzer schwarzer Krieger. Sein scharfer Späherblick geht über den Fluss, der sich in der Tiefe durch das Tal windet.

Vor ihm, also zwischen ihm und dem Fluss, liegt der große Kral seines Vaters und seiner Familie. Darin erkennt er die Hütten, die in kleinen Gruppen beieinanderstehen, in der träumenden Ruhe einer mondhellen afrikanischen Nacht.

Der junge Schwarze steht verborgen im Schatten eines Tschabéla-Baumes und lässt seine Blicke über seinen Kral gleiten, in dem die Holzfeuer noch ein wenig qualmen, nachdem die Frauen und Kinder in ihre Hütten gegangen sind, um zu schlafen.

Der junge Mann ist Tukula, der älteste Sohn des Häuptlings Sitemba.

Tukula steht schon lange dort. Er hält Wache; denn er will wissen, wer der Feind ist, der sich nachts in seinen Kral schleicht und seinen Vater so krank macht.

Zu Beginn des Abends, als die Frauen und Kinder um die Feuer saßen und den Maisbrei aßen, hat Tukula bei seinem Vater gesessen. Sitemba lag von Angst geschüttelt in seiner Hütte. Da hat er seinem ältesten Sohn gesagt, dass die Schmerzen in seinem Rücken nachts noch stärker seien als am Tag. Besonders in Nächten, in denen der Mond tot und es besonders dunkel ist, steigern sich die Schmerzen ins Unermessliche.

Es muss ein Feind in der Nähe des Krals sein! Der schickt einen feindlichen Geist, der ihn nachts durch seine Zauberkraft mit scharfen Zähnen beißt, daher die schrecklichen Schmerzen!

Sitemba, der Häuptling, meint zu wissen, wann er verzaubert wurde. Vor einigen Wochen kam er erhitzt und schweißnass von der Jagd heim. Auf dem langen Weg durch den Busch bis zu seinem Kral, so sagt er, sprang ein böser Geist aus dem Wald und biss ihm in die Lunge. Er hatte gleich gemerkt, dass er verzaubert war. Kalte Schauer liefen ihm über den Körper, und ein stechender Schmerz in seinem Rücken zeigte ihm die Anwesenheit eines bösen Geistes an.

Seitdem liegt Sitemba nun schon einige Wochen krank in seiner Hütte. Er krümmt sich auf seiner Schlafmatte, ganz nahe beim Feuer. Trotzdem zittert und bebt er immerzu, und in der Nacht beißen sich die Zähne des bösen Geistes so schrecklich in seinen Rücken, dass er kaum Atem zu holen wagt. Aus seinen Augen blickt die nackte Angst.

Darum muss Tukula in dieser Nacht Wache halten, besonders in dieser Nacht, in welcher der Mond wieder lebendig wird.

Er muss dabei gut aufpassen, um den umherschleichenden Feind zu entdecken.

Tukulas Blick wird von etwas Dunklem angezogen, das sich im Mondlicht langsam über das Grasland an der Bergflanke fortbewegt.

Es muss eine große Elenantilope sein. Ab und zu wendet das Tier den Kopf nach links und rechts. Die langen Hörner weisen nach hinten. Sicher sind die Ohren weit geöffnet, um jeden Klang aufzufangen.

Dann steht sie plötzlich still. Die dunkle Gestalt hebt sich deutlich vom mondbeschienenen Hintergrund ab.

Das Gekläff einer Gruppe von Schakalen zerreißt plötzlich die friedliche Stille des Lupanda-Tals, auch hört man das lachende Geheul von Hyänen.

Die Elenantilope steigt hoch und schießt pfeilschnell über die weite Grasfläche.

Tukulas Blick verfolgt gespannt den in Todesangst davonjagenden Elenbock, bis er im hohen Elefantengras verschwunden ist, das an den Hängen der Hügel von Lupanda wächst.

Wird er noch rechtzeitig die Herde im Wald erreichen, sodass er sich zusammen mit den anderen verteidigen kann?

Diese Antilopen können einen Kreis bilden, wobei sie alle ihre Köpfe nach außen wenden. Mit den nach vorn gerichteten langen, spitzen Hörnern können sie einen Angriff von Feinden abwehren, einerlei, ob es Hyänen, Wildhunde oder Schakale sind.

Wird aber eine Antilope allein angegriffen, hat sie keine Chance, sich zu verteidigen.

Die Angreifer sind hungrig. Tukula kann sie im hohen Gras nicht sehen; aber er hört ihr Heulen und Bellen. Oft folgen die Schakale den Hyänen, um die Reste der getöteten Tiere zu fressen.

Noch einige Male sieht Tukula den Kopf über dem hohen Gras auftauchen, dann verschwindet er wieder.

Beinahe hat das Tier den Waldrand erreicht. Noch einmal wird der Kopf sichtbar, weil die Elenantilope bei der wilden Flucht einen besonders hohen Sprung gemacht hat.

Tukula starrt der Elenantilope nach und lauscht, ob sie von den Feinden erwischt wurde.

Es bleibt still. Das Tier könnte den Wald an den Hügeln erreicht haben.

Dann erklingt ein lauter Schrei aus dem Gehölz – ein Schrei, der Tukula erschauern lässt.

Der kommt nicht von der Antilope, das ist auch kein Schrei des Urwaldes. Das ist der Angstschrei eines Menschen!

›Schrecklich!‹ Tukula zittert vor Erregung.

Ist das die Stimme des Feindes, der durch das Tal schleicht, um seinen Vater krank zu machen?

Aber ein Feind naht immer völlig unhörbar und wird sich nicht durch Schreie verraten.

Von wem kam die Stimme aber dann?

Noch lange bleibt Tukula unter dem Tschabéla-Baum stehen, so unbeweglich wie der Stamm des Baumes. Noch lange starrt er in die Dunkelheit und lauscht ununterbrochen.

Tukula hat in dieser Nacht kaum ein Auge zugemacht.

Schon beim ersten Morgendämmern verlässt er die Hütte und geht den Weg zu den Hügeln von Lupanda hinauf.

Er will wissen, wem die Stimme gehört, die heute Nacht aus dem Wald erklang. Vielleicht kann er Fußspuren entdecken. Natürlich erinnert er sich genau, wo die Elenantilope das Grasland verlassen hat und in den Wald gerast ist.

Bei den umgeknickten Grashalmen bleibt er stehen.

Der Hufabdruck des Tieres ist deutlich zu erkennen. Er folgt der Spur über den Pfad nach oben, die Hügel hinauf. Das Tier hat große Sprünge gemacht; denn die Spuren sind weit auseinander und tief in die Erde gedrückt.

»Nanu?!«, murmelt er plötzlich und starrt auf den Boden. Im Sand erkennt er menschliche Fußabdrücke. Tukula bückt sich zu Boden.

»Seltsam!«, sagt er wieder.

Er vergleicht seine Fußspur mit der kleinen auf dem Boden. »Eigenartig! Sie müssen von einem Kind stammen.« Gehören wohl diese Fußspuren und die Stimme von heute Nacht zusammen?

Er läuft einige Meter weiter, da sieht er die Spuren ganz deutlich wieder. Daneben sind auch Spuren von einem Affen. Die Spuren des Antilopenbockes verschwinden hier und führen in den Busch. Einige abgebrochene Zweige zeigen die Richtung an, in der er verschwunden ist.

Tukula hockt sich hin und betrachtet aufmerksam den Boden.

Hier hat ein Kind gestanden, und hier hat es sich hingesetzt. Er erkennt auch den Abdruck von Fingern und von einer Hand. Dann steht er wieder auf und folgt den Spuren der kleinen Füße. Er achtet darauf, wohin sie führen. Sie laufen auf dem Weg entlang, der ins Tal hinabführt. Das Kind muss schnell gelaufen sein; denn die Spuren sind ziemlich weit auseinander.

Wo das Elefantengras aufhört, biegt der Fußweg nach links ab und führt durch niedrigeres Gras zum Flussbett hinunter. Da erkennt man keine Fußspuren mehr; aber bald findet er eine weitere Spur, die wieder nach oben führt, quer durch das Riedgras.

Endlich, nach mühsamer Suche im Busch, erkennt er die Fußspur wieder deutlich im Sandboden eines verlassenen Krals, wo sie im Eingang einer Hütte verschwindet. Es gibt keine Abdrücke, die wieder aus der Hütte herausführen. Also muss jemand darin sein.

Tukula wartet kurz vor dem Eingang. Er hustet, damit man hört, dass jemand da ist. Aber es kommt keine Antwort. Er hockt sich in die Türöffnung und starrt in den dunklen Raum.

Er hört nichts.

Nach einiger Zeit geht er in die zerfallene Hütte hinein, hockt sich wieder hin und blickt sich suchend um. Allmählich gewöhnen sich seine Augen an die Dunkelheit in der Hütte, und er kann erkennen, was darinnen ist. Alles ist leer, bis auf einige Knüppel für Feuerholz.

Er läuft quer durch die Hütte, besieht sich die zusammengebundenen Äste und schiebt sie beiseite.

Er vernimmt ein leises Stöhnen hinter dem Holzhaufen.

Dann hebt er die Äste vorsichtig hoch und sieht, dicht an die Wand gepresst, eine kleine dunkle Gestalt auf dem Boden liegen.

Tukula beugt sich vor und kniet sich hin. Zwei große dunkle Augen blicken ihn angsterfüllt an.

Er nimmt die kleinen Hände in die seinen und fragt:»Wer bist du?«

Bonisa beginnt zu weinen und schluchzt:»Meine Schafe ... du weißt doch ... meine Schafe sind mir fortgelaufen.«

»Ach so, du bist es, Bonisa. Wie kommst du hierher?«

Noch zitternd wegen der durchstandenen Angst setzt sie sich auf, lehnt sich gegen die Hüttenwand und berichtet, was ihr in der letzten Nacht passiert ist. Sie erwähnt, dass sie auf die wütenden Worte ihres Vaters hin in den Busch geeilt sei, die Schafe zu suchen, und dass die Lichter der guten Geister hinter Nkubes Kral gestorben sind. Sie erzählt auch von ihrer Angst vor dem finsteren Busch und vor den feindlichen Geistern, die sie verfolgten.

Darauf berichtet Tukula ihr, dass er, als der Mond lebendig wurde und sein Licht über das Tal scheinen ließ, einen großen Antilopenbock gesehen hat, der in den Busch geflohen ist. Und dann kam der laute Angstschrei von den Lupanda-Hügeln. Wer mag da geschrien haben?

Bonisa zittert und fängt an zu weinen. Sie kann beinahe nicht weitersprechen.

»Dir ist kalt, Bonisa. Ich werde ein Feuer machen, damit dir warm wird«, sagt Tukula.

Er nimmt einen Stock und dreht ihn ganz schnell in einem hölzernen Feuerblock herum, in den er zuvor ein bisschen ganz trockenes Gras gelegt hat.

Durch das schnelle Drehen beginnt das Gras zu rauchen, und schon bald schlagen kleine Flammen empor. Das brennende Gras legt Tukula mitten in der Hütte auf den Boden und deckt dünne Zweige darüber.

Gleich flackert ein kleines Feuer auf. Bonisa kriecht auf die roten Flammen zu und spürt schon bald die Wärme der Glut in ihrem Köper. Doch sie bleibt noch scheu und zusammengekrümmt sitzen, während sie weitererzählt.

In der Nacht hat sie sich in der Nähe des Hügels auf den Boden gesetzt, weil sie nicht wusste, wohin sie gehen sollte. Da kam der riesige Bock mit wilden Sprüngen den Hügel hinauf. Beinah hätte er sie mit seinen großen Hufen zertreten. Dann war das Tier in den Busch gesprungen. In ihrer Angst hat sie ganz laut geschrien; aber niemand war da, der ihr helfen konnte. Zum Glück war sie quer zum Weg den Abhang hinuntergelaufen, sonst hätten die Raubtiere sie bestimmt gefunden, als sie hinter der Elenantilope her waren.

Später wollte sie im Busch einen Unterschlupf suchen, als sie im Mondlicht die alte Hütte sah.

Es gab dort keine Schlafmatten und auch keine Kuhhäute, um sich zuzudecken, nur ein paar Zweige zum Brennholz.

Dahinter hat sie sich versteckt. Vielleicht konnten die bösen Geister sie dort nicht finden, wenn sie an der Hütte vorüberschwebten. Ja, und dann war sie eingeschlafen, bis Tukula sie fand.

Nachdem Bonisa alles erzählt hat, ist es wieder still in der Hütte. Sie fühlt, wie die Wärme ihren ganzen Körper durchdringt. Das ist wunderbar! Sie zittert auch gar nicht mehr. Jetzt blickt sie Tukula an, der auf der anderen Seite des Feuers sitzt und in die Flammen starrt.

»Oh …«, sagt Bonisa, »wenn ich groß bin und selbst ein Maisfeld habe, dann werde ich die größten Kolben in einen Korb legen und auf dem Kopf zu Tukulas Kral tragen als ein schönes Geschenk, weil du mich gefunden und Feuer für mich gemacht hast, um mich zu wärmen.«

Ein breites Grinsen huscht über das Gesicht des jungen Schwarzen; aber dann fragt er: »Wenn Bonisa ohne die Schafe in Vundlas Kral zurückkehrt, was wird dann geschehen?«

Bonisa schreckt zusammen. »Die Schafe, ja, die muss ich finden. An diesem neuen Tag werde ich sie finden und sie zum Kral zurückbringen, und mein Vater wird sich freuen, und wir werden Bier trinken.«

»Hast du Hunger?«, fragt er.

Bonisa nickt: »Ja, schrecklichen Hunger!«

»Bleib hier beim Feuer und warte, bis ich zurückkomme. Dann werde ich dir Zuckerrohr und einen Maiskolben bringen«, sagt Tukula.

»Haben dich die Amadhlozi zu dieser Hütte geschickt, um mich zu finden?«, fragt das Kind.

Der junge Mann steht am Feuer und schweigt eine lange Zeit.

Bonisa starrt ihn ganz ehrfürchtig an und sagt: »Die Amadhlozi können mir auch meine Schafe wiedergeben.«

Da blickt Tukula das Kind an, das da vor ihm am Feuer sitzt und antwortet: »Die Amadhlozi sind mächtig; aber ein anderer ist der Stärkste. Er ist der König über alle Geister.«

Damit dreht er sich um und verlässt die Hütte.

Der neue Morgen

Jetzt läuft Tukula, der Sohn des Häuptlings, durch den morgendlichen Busch auf den Hügeln von Lupanda, eilig gefolgt von Bonisa. Sie hat einen gerösteten Maiskolben und ein Stück Zuckerrohr gegessen. Nun suchen sie die Schafe.

Es ist ein herrlicher Morgen. Inzwischen ist die Sonne aufgegangen, und mit ihr erwacht alles Leben ringsumher.

Die Impalas, die zu Tausenden hier im Busch leben, hüpfen herum und machen zierliche Sprünge über die kleinen Büsche und Sträucher. Mit unnachahmlicher Eleganz setzen sie über die grünen Farnkräuter. Ihr fein gezeichnetes rehbraunes Fell mit schwarzumrandeten weißen Flanken schimmert im Sonnenlicht. Wohin sie auch springen, verbreiten sie Lichtglanz.

Tukula nimmt den Pfad, der zum Fluss hinabführt, und Bonisa läuft hinter ihm her.

Auf einer offenen Stelle im Tal hat sich eine Herde Zebras versammelt. Sie heben die Köpfe und schnuppern in die Luft, als wollten sie die Sonnenstrahlen und den neuen Tag begrüßen.

Ihre schwarz-weiß gestreiften Felle glänzen wie Seide im reinen Morgenlicht.

Prächtig bunt gefärbte tropische Vögel flöten ihr Morgenlied voller Freude über den anbrechenden neuen Tag.

Zwischen den Zweigen afrikanischer Silberpappeln flattern einige Paradiesvögel mit ihren langen schwarzen Schleierschwänzen umher.

Ein Kronenkranich schwebt mit langsamen Flügelschlägen durch das Tal.

Die orangefarbigen Webervögel breiten ihre Flügel in der Sonnenglut aus, fiebernd vor Arbeitslust, um ihre kunstvollen Nester in denjenigen Ästen zu weben, die über den Fluss ragen.

Bonisas Herz wird auch schon ein wenig fröhlicher gestimmt, wo doch alles um sie her pfeift und singt und die Sonne so zauberhafte Farben in den Busch malt.

Gleich werden sie die Schafe finden, dann wird Schwarzkopf seinen
wolligen Kopf in ihre Hände drücken und mit seiner Nase an ihren
Armen entlangschnüffeln. Sie wird das Schaf in die Arme schließen
und mit ihm sprechen. Wie froh werden die Tiere sein, wenn sie
ihre Stimme hören! Sie brennt vor Ungeduld, die Schafe zu finden.

Vielleicht haben sie in der Nacht einen Unterschlupf zwischen
den Dornsträuchern oder in einer unbewohnten Hütte entdeckt.

Tukula folgt dem Weg zum Lupanda-Fluss. Er blickt überall suchend umher. Die Tiere sind natürlich aus dem Tal wieder nach Norden gezogen; denn der Fluss hat keine trockene Furt, die sie auf dem Weg nach Süden hätten nutzen können.

Sie müssen also nach Nordosten die Hügel hinaufgegangen sein. Im Nordwesten liegt Limpo-Lupanda, der Kral seiner Familie, und dort sind sie nicht gewesen.

Tukula wundert sich selbst, dass er, der Sohn des Häuptlings, hier einfach so mit einem kleinen Mädchen aus einem der vielen Krale seines Reservats umherrennt, um die verirrten Schafe dieses Kindes zu suchen.

Ob wohl jemals der Sohn eines Häuptlings aus diesem Land einem seiner Untertanen seine Hilfe und Freundschaft zuteilwerden ließ?

Weil Sitemba jetzt krank ist, hat er einen Teil seiner Verantwortlichkeit an seinen ältesten Sohn, an Tukula, übertragen.

Für Tukula ist das gar nicht so einfach; denn er hat andere Vorstellungen als sein unbarmherziger Vater.

Es ist noch gar nicht lange her, dass er Gambo besuchte, einen alten weisen Häuptling eines kleinen tüchtigen Stammes, der fern im Süden am Lupanda-Fluss lebt.

Chief Gambo ist weit und breit als »ein Mann weiser Worte« bekannt. In der Hütte dieses alten Häuptlings hat Tukula Unterricht darüber erhalten, wie man ein in Armut, Streit und Trunkenheit lebendes Volk regieren muss, damit daraus ein wohlhabendes und blühendes Volk wird.

Verschiedene kluge Sprüche des alten Gambo sind Tukula noch sehr lebendig bewusst.

Gambo sagte: »Friede ist der größte Reichtum für ein Volk, für eine Familie, für Männer und Frauen und Kinder.«

Der alte Gambo hat ihm von der Torheit der Zauberdoktoren erzählt, die Ratschläge erteilen, wenn Unglücke passiert sind und Widerwärtiges geschehen ist, wobei der Zauberer zeigen muss, wer Schuld daran hat.

Die Hilfe der Medizinmänner macht die Qualen der Kranken weit größer, als sie zuvor waren.

Das Anrufen der »Geister« der Ahnen kann weder Frieden noch

Glück bringen; denn allein Nkulu-Nkulu, das ist der Gott im Himmel, hat über Krankheiten, über Glück und Unglück zu bestimmen.

Aber leider ist Nkulu-Nkulu weit weg und unbekannt.

Einmal kam ein weißer Mann zur Zeit von Gambos Voreltern in das Land. Er hieß Robert Moffat. Der hatte ein Buch von Nkulu-Nkulu und konnte daraus den Menschen etwas erzählen ... aber das ist lange, lange her.

Einige weise Sprüche von Missionar Moffat hatte man aber behalten. Der alte Gambo hat sein Volk danach regiert, und es ist ein Volk geworden, in dem Frieden und Wohlergehen herrschen.

Tukula hat viele dieser weisen Worte in der Hütte des alten Häuptlings gelernt. Diese Worte wiederholt er immer wieder leise für sich. So zum Beispiel:»Es ist besser für ein Volk, Korn zu dreschen, als das Schwert zu schärfen.«

Gambo berichtete ihm auch von einer ganz neuen Art, mit seinen Untertanen umzugehen:»Sei freundlich zu den alten Leuten und zu den Kindern deines Volkes. Hilf allen, die Schwierigkeiten haben. Dann wird dich dein Volk lieben, und dein Gebiet wird aufblühen!«

Bei seinem Abschied nahm Gambo einen kostbaren Ring von seinem Ohr und befestigte ihn als Zeichen der Freundschaft am Ring von Tukula.

»Welche Kraft ist in diesem Ring?«, hat Tukula gefragt.

Der alte Mann hat den Kopf geschüttelt und geantwortet:»Die Dummen suchen Schutz bei Amuletten, die Weisen wissen, dass Klugheit, Mut und Kraft aus dem Buch von Nkulu-Nkulu kommt.«

Tukula steht tief unter dem Eindruck dessen, was er bei Gambo gehört hat. Und jetzt braucht er Mut, gegen die alten Gesetze und Gewohnheiten seines Volkes zu kämpfen, um nun auf neue Weise ihr Führer zu werden.

Plötzlich bleibt er auf dem Buschpfad stehen. Sein Blick wird durch Fetzen weißer Schafwolle angezogen, die an verschiedenen Zweigen der Sträucher hängen.

Hier waren die Schafe in den Busch geflüchtet, quer durch das dichte Gestrüpp. Die Erde ist umgewühlt, frisch abgebrochene Zweige liegen auf dem Boden.

Ihm folgt Bonisa, sie summt fröhlich vor sich hin, weil sie nun die Schafe bald gefunden hat.

Tukula folgt der Spur der Schafe. Auf dem Boden sind deutlich die Fußspuren von Hyänen und Wildhunden zu erkennen … Tukula tritt ein wenig zur Seite, damit Bonisa neben ihn treten kann.

Finster schweigend starrt er auf den Waldboden unter dem Dorngesträuch.

Da liegt etwas, weiß und wollig und rot von Blut.

An den Dornzweigen hängen Wollfetzen und darunter … Er blickt auf die rot gefärbte Erde, ohne etwas zu sagen.

Bonisa blickt auch hin, sie stößt einen wilden Angstschrei aus: »Nein! Nein!«

Sie sieht das Sonnenlicht nicht mehr, sie hört die Vögel nicht mehr. Es wird dunkel vor ihren Augen, sie wankt …

Tukulas starke Hand fängt sie auf. Für kurze Zeit bleibt es dunkel, dann fällt wieder ein wenig Licht in ihre Augen. Sie stöhnt: »Nein! Nein!«

Bonisa lässt sich zu Boden fallen, schreit und weint vor Entsetzen wegen des Schrecklichen, das sie da unter dem Dornstrauch erblickt.

Mit seinem Hirtenstab schiebt Tukula die blutige Wollmasse beiseite. Es sind die armseligen Reste der Schafe, die von Wildhunden zerrissen wurden.

Der übrig gebliebene Schafskopf zeigt schwarze Flecken auf dem Schädel. Es ist Bonisas Schaf. Ihr Schwarzkopf, auch dieses Tier, wurde von den schrecklichen Räubern getötet!

Zusammengesunken wie ein Häufchen Elend, sitzt Bonisa auf dem Boden und weint herzzerreißend. Sie ruft und klagt immer wieder: »Nein … nein! Oh, mein Schwarzkopf, mein Schaf!«

Verzweifelt hält sie die Hände vor das Gesicht, um das Furchtbare unter dem Dornstrauch nicht mehr sehen zu müssen.

Unbeweglich steht Tukula daneben, so wie die Männer im Kral schweigend warten, wenn die Frauen ihren Klagegesang erheben über Nutztiere oder Kinder, die gestorben sind.

Ihm selbst bedeutet dieser Fund keine Enttäuschung. Er hat damit gerechnet.

Schafe, die unbewacht durch den Busch irren, werden ganz sicher von den Wildhunden erbeutet.

Als Sohn seines Volkes fürchtet er, dass es böse Mächte waren, die Tiere aus der Herde des kleinen Mädchens vertrieben haben, damit sie umgebracht würden. Und die Schuld daran trägt Nkube, der Nachbar von Vundla; denn er hatte das Stück Holz mitten zwischen die Herde geschleudert.

Jetzt fühlt sich Tukula verantwortlich für das Unrecht, das einem Kind seines Volkes zugefügt wurde. Er denkt darüber nach, während ein hoffnungsloses Kind neben ihm auf dem Boden sitzt und die Reste der Schafe vor ihm liegen.

Nach einiger Zeit intensiven Nachdenkens weiß Tukula, was er tun muss. Er selbst wird das Mädchen zum Kral ihrer Familie zurückbringen.

Wenn das Kind allein und ohne die Schafe zurückkäme, würde der wüste Vundla die Peitsche mit heftigen Schlägen auf sie niedersausen lassen.

Vundla ist dafür bekannt, ein erbarmungsloser und trinksüchtiger Mensch zu sein, der seine Frauen und Kinder übel behandelt, wenn er betrunken ist.

»Bonisa, verabschiede dich von den Schafen. Wir gehen jetzt heim!« In Tukulas Stimme liegt ein gebieterischer Unterton.

Sie steht auf, blickt noch einmal auf das blutige Fell ihres Schwarzkopfs zurück, um dann Tukula zu folgen, der ins Tal zurückkehrt.

Für Bonisa hat sich dieser herrliche Morgen völlig verändert: Sie fühlt sich nun so einsam, alles ist so trostlos. Voller Angst sieht sie dem entgegen, was auf sie zukommt.

Mit schlurfenden Schritten folgt sie ihm bis zu der Hütte, in der sie während der Nacht geschlafen hat.

»Geh in die Hütte und warte hier, bis ich zurückkomme. Dann werde ich dich zu Vundla bringen.«

Sie setzt sich neben das rauchende Feuerchen auf den Boden und wartet, ängstlich und traurig.

Der helle Morgen weckt auch Vundlas Kral mit seinem alles durchdringenden Licht aus dem trüben Dunkel der Nacht.

Im Kuh-Kral scheuern sich die Kühe mit ihren großen Leibern an der Umzäunung. Sie brüllen und stampfen auf den Boden, so eilig haben sie es, in den Busch zu kommen, Wasser zu trinken und im Tal zu grasen, bis fast hinunter zum Ufer des Bembasi-Flusses.

Nkwee und Sikla sind munter. Sie schieben die unverschlossene Tür der Hütte beiseite und blicken neugierig nach draußen.

Sie hören das morgendliche Brüllen der Ochsen und möchten gern mit der Herde in den erwachenden Wald ziehen.

Ein paar jüngere Brüder, die ebenfalls in der Hütte schlafen, werden durch das hereinfallende Licht wach. Sie gähnen und kommen träge unter ihren Decken aus Rinderhaut hervorgekrochen.

Kleine gelbe, flaumige Küken trippeln über den Boden des Krals. Ihre Fußabdrücke sind die ersten Spuren im roten Sand, nachdem dieser am Abend zuvor gefegt war. Die Glucken gackern, um ihre flaumigen Kinder beieinanderzuhalten. Séthu, der Hund, steht mit gespitzten Ohren vor Vundlas Hütte und wartet auf seinen Herrn.

Eine Schar von Kronenkranichen hat eben den Schlafbaum verlassen und fliegt über den Kral. Ihre knurrenden, tiefen Rufe wecken Vundla aus unruhigem Schlaf.

Mit einem heftigen Ruck seiner kräftigen Arme schiebt er die schwere Tür aus der Hüttenöffnung und blickt mit neugierigem, aber auch ängstlichem Blick über den Boden des Krals.

Es sind keine Kinderfußspuren zwischen dem Kral-Eingang und MaWandas Hütte zu sehen. Er sieht nichts als die gelben Küken, die hinter ihren Glucken hertrippeln.

Die funkelnden Sonnenstrahlen dieses neuen Tages, die durch die kleinsten Ritzen in das Dunkel der Hütten dringen, können an diesem Morgen keine Fröhlichkeit in Vundlas Herz wecken.

Er ergreift seine Peitsche und inspiziert mit bösen Augen und in drohender Haltung den gesamten Kral.

Die Frauen und Kinder lugen vorsichtig von ihren Hütten aus auf den schlecht gelaunten, mürrischen Mann, der immer wütender wird, nachdem er bemerkt hat, dass die Schafe noch nicht heimgebracht worden sind.

Bei der Kral-Öffnung bleibt er stehen und schaut über den Weg zum Busch nach links und nach rechts; aber er sieht keine Schafe ankommen.

Immer heftiger schwingt er seine Peitsche. Mit knallenden Schlägen saust sie auf und ab.

MaWanda, die mit ihrem Baby auf dem Arm ebenfalls vorsichtig von ihrer Hütte aus ins Freie guckt, zieht sich schaudernd zurück, als sie die Peitsche knallen hört.

Bonisa ist noch nicht in den Kral zurückgekehrt. Wo mag sie sein ...? Und wo mögen die Schafe stecken ...?

Vundla geht in den Busch hinein. Séthu, sein Hund, springt fröhlich bellend neben seinem Herrchen her; aber nachdem Vundla ihm einen Schlag versetzt und ihn angebrüllt hat, duckt sich das Tier und schleicht zu den Hütten zurück.

Nachdem das Oberhaupt des Krals als Erster seine Hütte verlassen und den Boden auf fremde Fußspuren untersucht hat, dürfen auch die Frauen und Kinder ihre Hütten verlassen.

Die drei Frauen Vundlas machen den morgendlichen Maisbrei fertig.

Die Kinder kommen herbei. Noch zittern sie wegen der Morgenkälte, vor der auch die Kuhhäute nur wenig schützen können, die sie um die nackten Leiber gezogen haben. Sie setzen sich so nah wie möglich ans Feuer. Aber heute ist kein fröhliches Lachen auf den Gesichtern der Kinder.

Niemand wagt es, laut zu sprechen. Die Frauen flüstern leise miteinander, und MaWanda rührt schweigend und mit gesenktem Kopf in ihrem Maistopf herum.

Wie schlimm! Die Schafe sind nicht wiedergekommen! Haben feindliche Geister sie letzte Nacht im Busch umgebracht? Drei schöne Schafe verloren! Ach ... dieser Ort scheint verzaubert zu sein – und wer ist schuld daran? So denkt sie hin und her.

Wären die Geister der Ahnen ihnen günstig gesinnt, dann hätten sie die Tiere bestimmt zurückkommen lassen. Vielleicht haben alle guten Geister diesen Kral bereits verlassen und die ganze Familie der Macht von bösen Geistern überlassen.

Jetzt kehrt Vundla heim – noch wütender, als er fortgegangen ist. Die nackte Angst überfällt die gesamte Familie wie ein dunkler Schatten.

Schweigend essen alle ihren Maisbrei.

Nkwee und Sikla schleichen schnell zum Vieh-Kral. Einmal

blicken sie sich noch ängstlich um. Dann versuchen sie, so schnell wie möglich mit den Kühen im Busch zu verschwinden, bevor der wütende Vater sie zurückrufen kann.

Die Frauen blicken einander voller Furcht an, als sie das Meckern und Blöken aus dem Kleinvieh-Kral vernehmen, das wie ein dringender Hilferuf überall im Kral zu hören ist.

Die Tiere haben die Kuhherde hinauslaufen sehen und wollen unbedingt auch zum Gras und zum Wasser draußen im Tal. Aber wer soll die Schafe jetzt hüten, da Bonisa nicht zurückgekehrt ist?

Mambi, MaWandas älteste Tochter, ist 11 Jahre alt. Sie ist bei einer Familie in einem fernen Kral und hilft dort bei der Erdnuss-Ernte.

Die anderen Mädchen im Kral sind alle noch zu klein. Sie haben andere Aufgaben zu erledigen; auch müssen sie Brennholz aus dem Busch holen, damit die Feuer brennen können.

Nach dem Essen geht MaMoyo, Vundlas älteste Frau, mit zwei Töchtern in den Wald, der im Tal grünt. Sie tragen Kalebassen auf dem Kopf, die sie an einem kleinen Bach füllen wollen.

MaWanda knotet das Tragetuch auf dem Rücken zusammen, lässt das Baby hineingleiten und geht, um Wildgemüse zu suchen, das Vundla in seinem Abendbrei vorfinden will.

MaThinda, Vundlas dritte Frau, bleibt im Kral. Sie hat dafür zu sorgen, dass alle Feuerstellen fortwährend brennen und dass die Kälber sowie Schweine etwas zu fressen bekommen.

Sie bringt ihrer vierjährigen Tochter bei, wie sie ein Feuer am Brennen halten kann und wie man Hühner füttern muss.

Die Schafe und Ziegen meckern und blöken in einem fort, und Vundla läuft wie gehetzt überall im Kral umher. Dabei schwingt er unentwegt seine Peitsche. Sein Blick ist voller Angst; denn er spürt, dass die Geister erzürnt sind. Wer mag aber der Schuldige sein?

Tukula, der Sohn des Häuptlings

In Limpo-Lupanda, dem Kral des Häuptlings, gibt Tukula einem jungen Kuhhirten den Befehl, heute seine Herde zu hüten. Ein anderer Junge wird mit der Botschaft zu Vundlas Kral geschickt, dass der Sohn des Häuptlings demnächst kommen wird, um etwas mit ihm zu besprechen.

Tukula berät sich noch kurz mit seinem Vater Sitemba und kleidet sich dann mit allen Kennzeichen eines afrikanischen Häuptlings und Kriegers.

Statt seiner einfachen Hirtenkleidung trägt er jetzt ein Schulterkleid und darüber einen Rock aus Leopardenfell. Eine Halskette aus Krokodilzähnen und Armringe aus Elfenbein zieren seinen pechschwarzen Körper. Um seine Stirn trägt er ein rotledernes Band, an dem eigenartig gefärbte Vogelfedern befestigt sind. Ein großer Zuluschild, ein langer Spieß und ein Assagai (ein kurzer Wurfspeer) lassen ihn wie einen erfahrenen Kriegsmann aussehen.

Sitemba befiehlt dem Hauptmann seiner Streitmacht, seinen Sohn als Berater zu begleiten.

So verlässt Tukula den Limpo-Kral, um ein kleines Mädchen aus einer Hütte zu holen und unter seinem Schutz zu dessen Familien-Kral zurückzubringen.

Die Botschaft, die der junge Waldläufer aus Limpo zu Vundlas Kral bringt, versetzt die ganze Familie in Aufregung.

Tukula kommt mit dem Hauptmann seines Vaters, um mit Vundla zu reden. Was hat das wohl zu bedeuten?

MaWanda, die gerade mit ihren wilden Kräutern heimgekehrt ist, soll auf Vundlas Anordnung zusammen mit MaThinda alles im Kral in beste Ordnung bringen, und zwar so schnell wie möglich. Die Kinder werden in die Hütten geschickt und haben den strengen Befehl, diese nicht zu verlassen, solange der Vater Besuch hat.

Vundla selbst rennt aufgeregt hin und her. Er schreit und kommandiert und knallt mit der Peitsche. Jetzt fordert er Bier. Er will Bier trinken, viel Bier. Leider hat er an diesem Morgen bereits eine

Menge getrunken. Das starke Bier benebelt seinen Verstand und stachelt seine Streitlust an.

Endlich gelingt es MaThinda, den aufgeregten Mann in seine Hütte zu bringen; denn da muss er warten, bis der angekündigte Besucher bei seinem Kral angekommen ist.

Zum Glück kommen MaMoyo und ihre beiden Mädchen mit ihren gefüllten Kalebassen auch noch rechtzeitig in den Kral zurück.

Sie heben in MaMoyos Hütte die vollen Kalebassen von ihren Köpfen und tragen sie in die Küchenhütte. Da wischen sie sich die Schweißtropfen aus dem Gesicht und blicken zufrieden auf den reichen Vorrat an frischem Wasser.

Dann verschwinden auch die Frauen allesamt in ihren Hütten.

Im sonst so lebendigen Kral herrscht eine ungewohnte Stille, die anhält, bis man auf dem Buschpfad Schritte vernehmen kann.

Aus den dunklen Hütten starren viele Augen auf den Eingang des Krals.

Die Frauen durchfährt ein Schreck, als sie einen stolzen Krieger in voller Waffenrüstung ankommen sehen.

Er bleibt am Eingang stehen, während sein Hauptmann den Kral betritt.

Einen Augenblick ist es noch ganz still. Dann kommt MaMoyo als die älteste Frau aus ihrer Hütte auf den Hauptmann zugelaufen und begrüßt ihn.

Der Hauptmann berichtet ihr, der Sohn des Häuptlings sei gekommen, um mit Vundla zu reden.

MaMoyo macht eine leichte Verbeugung. Sie geht zu der Hütte ihres Mannes und bittet ihn, den Besucher zu empfangen.

Am ganzen Leib zitternd, tritt Vundla ins Freie. Er läuft zur Kral-Umzäunung, um seine Gäste nach afrikanischer Sitte zu begrüßen.

Da wird lange über Gesundheit und Viehhaltung sowie auch über die Ernte und andere Dinge geredet.

Nach dieser Begrüßungszeremonie übergibt Tukula seinem Hauptmann den Assagai und den Spieß. Er soll die Waffen an der Außenseite der Kral-Hecke ablegen.

Das bedeutet, dass der Besucher in freundschaftlicher Absicht gekommen ist.

In den Hütten bleibt es still. Die Kinder wagen sich kaum zu bewegen, doch mit den Augen verfolgen sie alles, was draußen geschieht.

Sie kennen Tukula sehr gut als den Hirten einer großen Rinderherde und als den Freund aller Tiere und Kinder in dieser Gegend.

Aber so haben sie ihn noch nicht gesehen. Nein … so kennen sie ihn nicht.

Hoch aufgerichtet steht Tukula in der Haltung eines Mannes da, der zu befehlen hat. Den großen Zuluschild hält er mit der linken Hand. Auch Vundla blickt ehrfürchtig auf den stolzen jungen Krieger. Doch da sieht er hinter Tukula noch jemand stehen, wodurch der Zorn in seinem benebelten Gehirn erneut aufflackert.

»Aaah …!«, schreit er, »du hier …? Wo sind die Schafe?«

Es bleibt still, dann dröhnt seine tiefe Stimme noch mächtiger durch die Stille: »Sprich, wo sind die Schafe?«

In den Hütten wird es lebendig. Kinder und Frauen recken die Hälse, um zu sehen, warum Vundla so böse wird.

»Oooh …!« Leise Rufe des Erstaunens durchdringen die Stille.

»Oooh …! Da ist Bonisa ja!« Sie steht klein und zusammen-gekauert hinter dem Krieger und versteckt sich hinter dem Zulu-schild.

»Sprich!«, poltert Vundlas Stimme. »Wo sind meine Schafe, und wo ist meine Peitsche?« Als er einen Schritt zur Seite tritt, um in seiner Betrunkenheit und Wut das Mädchen mit einem kräftigen Schlag zu Boden zu schleudern, ist sofort Tukulas Schild zu ihrem Schutz vor ihr.

Ganz ruhig, aber mit gebietendem Ton sagt der Häuptlingssohn: »Tu ihr nichts zuleide! Sie steht unter meinem Schutz. Über die Schafe werde ich mit dir reden.«

Vundla zittert vor Erregung und ruft: »Ich habe das Recht, meine Kinder zu bestrafen, und nach diesem Recht werde ich han-deln.« Er geht in seine Hütte zurück und kommt mit seiner Peitsche wieder.

Unbeweglich wie ein pechschwarzes Standbild steht Tukula, der junge Krieger mitten in Vundlas Kral.

»Meinen Spieß!«, befiehlt er dem Hauptmann.

Blitzschnell und geschmeidig wie eine Schlange verschwin-det der Hauptmann aus dem Kral. Sofort kehrt er mit dem Spieß zurück, den er Tukula in seine rechte Hand gibt. Er selbst umklam-mert den Assagai, um – wenn notwendig – seinen Häuptling zu verteidigen.

Mit glühendem Zorn in seinen Augen hebt Vundla den Arm. Ein Peitschenhieb knallt durch die Luft, um Bonisa zu treffen.

Tukula fängt mit einer schnellen Bewegung den furchtbaren Schlag auf seinem Schild ab. Dann hält der junge Krieger seinen Spieß in Wurfhaltung und befiehlt mit kräftiger Stimme dem betrunkenen Wüstling:»Beug dich ... oder stirb!«

Ängstliche Schreie kommen aus den Hütten. Die Frauen fahren entsetzt zurück, die Kinder fangen an zu heulen.

Bonisas Zähne schlagen vor Angst aufeinander.

Vundla lässt erschrocken die Peitsche sinken und sieht den erhobenen Arm des Kriegers mit dem Spieß, dessen Spitze auf ihn gerichtet ist.

Noch einmal erschallt Tukulas Befehl:»Beug dich ... oder stirb!« Da verbeugt sich Vundla und legt die Peitsche seinem Häuptling zu Füßen. Die Frauen und Kinder verlassen daraufhin ihre Hütten und verbeugen sich neben dem Herrn des Krals vor dem jungen Häuptling. Der legt das Ende des Spießes auf Vundlas Nacken. Das ist das Zeichen des Sieges.

Bonisa, die immer noch hinter dem Schild steht, läuft jetzt ebenfalls zu ihren Angehörigen und beugt sich neben MaWanda nieder. So anerkennen sie nach den jahrhundertealten ungeschriebenen Gesetzen ihres Volkes die Herrschaft des Siegers über die gesamte Familie an.

Auf einen Wink Tukulas hin erheben sich alle nach einiger Zeit wieder.

Es gibt im ganzen Kral nur einen selbst gebauten Stuhl. Dieser wird auf Vundlas Befehl hin von MaMoyo dem jungen Krieger angeboten.

Tukula nimmt darauf Platz. Sein Hauptmann und Zeuge steht neben ihm. Jetzt kommt Bewegung in den Kral. Die Frauen bringen Kalebassen mit Bier, und jedes Familienmitglied überreicht Tukula ein kleines Geschenk: einen schönen Maiskolben, ein paar Zuckerrohrstängel, eine Melone und einige hübsche Strohkörbe, die von den Frauen selbst angefertigt wurden.

Vundla hat die Peitsche, mit der er seine kleine Tochter bestrafen wollte, als Zeichen seines Gehorsams Tukula übergeben.

Als Tukula nach dem Biertrinken zusammen mit seinem Hauptmann in Vundlas Hütte zur Besprechung gegangen ist, folgt Bonisa ihrer Mutter in deren eigene Hütte.

Nie zuvor war diese Hütte für sie eine so sichere Zuflucht wie an diesem Tag. Selbst das Feuerchen scheint freundlicher zu brennen als an anderen Tagen, und die roten Funken erscheinen wie die freundlich glänzenden Lichter von guten Geistern.

Beide setzen sich auf die Schlafmatte, die sie dicht ans Feuer gerückt haben. Bonisa kriecht ganz nahe an ihre Mutter heran. Ihr schwarzes Kraushaar ruht auf MaWandas Arm. Ach ..., wie froh sind sie, alle wieder beieinander zu sein!

Alle kleinen Brüder und Schwestern aus den anderen Hütten kommen ebenfalls, um bei MaWanda am Feuer zu sitzen. Sie blicken alle voll Bewunderung auf Bonisa, die wieder sicher zu Hause ist.

Ja, ja ..., es muss sie doch wohl ein bewahrender Geist begleitet haben, und dieser gute Geist hat Tukula, den Sohn des Häuptlings, dazu gebracht, mit Bonisa zu gehen, um sie zu beschützen.

Wirklich ..., er wird einmal ein großer Kriegsmann werden, dieser Tukula. Sie alle haben gesehen, mit welch schneller Bewegung er Vundlas gefährlichen Peitschenhieb mit dem Schild abfing.

Hätte der Schlag Bonisas Kopf oder Schultern getroffen ... oh weh, wie hätte sie dann vor Schmerzen geschrien! Sie wäre wahrscheinlich schwer verletzt worden. Aber jetzt, jetzt ist Bonisa eine Schwester, auf die man stolz sein kann.

Nach langer Zeit ist das Gespräch in Vundlas Hütte zu Ende. Der junge Krieger geht, um mit seinem Hauptmann den Kral zu verlassen.

Um ihn zu ehren, laufen die Frauen und Kinder alle hinaus. Sie machen eine tiefe Verbeugung vor Tukula und blicken ihm bewundernd nach.

Die stolze Haltung des jungen Häuptlings, sein strenger und beherrschender Blick und die starken muskulösen Hände, die Schild und Spieß umklammern, nötigen Respekt ab.

Er wünscht der Familie, Nkulu-Nkulu möge sie bewahren. Auch gibt er ihnen die Anweisung, mit ihren Sorgen und Schwierigkeiten zu seinem Kral in Limpo-Lupanda zu kommen. Da wird er sie beraten und sagen, wie sie in ihren Notlagen zu handeln haben.

Die Schafe und Ziegen, die unaufhörlich meckern und blöken, werden heute im Kral gefüttert.

Aber es muss schnell Hilfe kommen, um die Tiere im Busch zu hüten. »Bonisa ist noch zu klein, um das allein tun zu können«, hat Tukula gesagt. Vundla muss andere Hilfe suchen, die Schafe zu beaufsichtigen.

Darum beschließt Vundla noch am gleichen Nachmittag, die Familie aufzusuchen, wo Mambi ist. Sie muss heimkommen. Vundla hat aber noch andere Gedanken, über die er jedoch mit niemand redet.

Aus Furcht vor dem jungen Krieger, der mit der Gewalt eines Häuptlings in seinen Kral kam, hat er sich vor Tukula gebeugt. Bei dem Gespräch hat er versprechen müssen, Bonisa nicht zu bestrafen. Er musste auch die Zusage geben, weniger zu trinken und mitsamt seiner ganzen Familie härter zu arbeiten; denn Tukula will die Landwirtschaft, die Viehzucht und den Hüttenbau im ganzen Lupanda-Tal verbessern.

Aber wenn er sich auch vor Tukula verbeugt hat, in seinem Herzen bleibt die Bitterkeit, drei schöne Schafe verloren zu haben. Drei Schafe sind ein großer Besitz. Und außerdem hat er noch die Sorge, dass am Ende der Mais-Ernte MaWandas Vater kommt, um den Rest des Brautpreises zu holen. Das kostet ihn sogar drei Kühe … oder seine älteste Tochter.

Aber er hat einen guten Plan. Er wird zu einem fernen Zauberdoktor gehen. Ihn wird er fragen, wer an all den Schwierigkeiten schuld ist.

Dem Zauberdoktor muss er allerdings auch eine oder zwei Ziegen geben; aber wenn der Zauberdoktor die bösen Geister aus seinem Kral vertreiben kann, dann wird es der ganzen Familie gut gehen, und alle werden vorwärtskommen.

MaMoyo, seiner ältesten Frau, trägt er auf, für alles ringsumher zu sorgen in der Zeit, in der er die lange Reise macht, um seine Tochter Mambi zurückzuholen.

Jetzt wird es Abend. Die Dämmerung bricht über den Busch und die Hüttendörfer herein. Die Familien haben sich um die Holzfeuer versammelt und essen zur Nacht ihren Maisbrei. Bonisa sitzt neben ihrer Mutter an deren eigenem Feuer. Wie froh ist sie doch, dass dieser schreckliche Abend und die Nacht voller Angst im finsteren Busch vorüber sind!

Bonisa hat drei Schafe verloren, und ihr gutes Schwarzkopf ist tot; aber sie hat auch einen neuen Freund bekommen. Tukula, der Häuptlingssohn, ist jetzt ihr Freund und Beschützer geworden.

Während im ganzen Lupanda-Tal die Menschen in ihren Hütten längst schlafen und alles still ist, sitzen MaWanda und ihre Tochter noch lange in der Hütte beim Holzfeuer.

Bonisa ist ganz nahe an ihre Mutter herangerückt und erzählt ihr alles, was seit gestern Abend passiert ist.

Der Zauberdoktor und »der weiße Mann«

Vundla macht die Reise zu seiner Familie mit großer Angst im Herzen. Er fürchtet sich schrecklich, dass die Geister seiner Ahnen ihn nicht mehr beschützen. Es müssen doch feindselige Geister sein, die durch die Hyänenhunde seine Schafe zerrissen haben! Es muss etwas geschehen, um die Amadhlozi gnädig zu stimmen, damit sie die bösen Geister aus seinem Kral vertreiben. Und darum will er jetzt zu dem fernen, mächtigen Zauberdoktor gehen und ihn um Rat fragen.

Was ihn antreibt, ist die allgegenwärtige Angst vor den Geistern, der endlose Streit zwischen Hoffnung auf Bewahrung durch die guten Geister und Angst vor den Angriffen durch die bösen Geister, welche die Völker im Innern Afrikas seit undenklichen Zeiten quält und gefangen hält.

Auch Vundla lebt mit seinen Familienangehörigen in dieser fortwährenden Spannung. Immer fühlen sie sich von einer Angst in die nächste gejagt – immer bedroht von finsteren Mächten.

Nach einigen Wochen kehrt Vundla mit seiner Tochter Mambi in seinen Kral zurück. Und zwei Tage später kommt der Zauberdoktor an. Er soll herausfinden, wer an all den Widerwärtigkeiten schuld ist.

MaWanda, die heute im Busch nach wildem Grünzeug sucht, wird plötzlich durch eine innere Unruhe getrieben, schnell nach Hause, in den Kral, zurückzukehren.

»Komm«, sagt sie zu Bonisa, die ihr hilft, »ich muss in meine Hütte gehen. Ich fühle, dass jemand dort auf mich wartet.«

Bei ihrer Ankunft steht sie einen Augenblick wie gelähmt da. Ihr ist, als müsste sie sterben. Sie stöhnt erbärmlich, als sie im Kral vor Vundlas Hütte den Zauberdoktor sitzen sieht. Das Vorgefühl eines nahenden Unglücks lässt sie schwindlig werden.

Die Augen des Medizinmannes schießen wild hin und her, als er MaWanda dort stehen sieht. Sofort streckt er seinen Arm nach ihr aus und sagt mit einer Stimme, die aus der Erde zu kommen scheint: »Sie ist es …! Sie ist die Schuldige!«

Bleierne Stille fällt auf alle Anwesenden. Mit gesenktem Kopf wankt MaWanda in ihre Hütte.

»Wir werden die Amadhlozi fragen, warum sie schuldig ist«, fährt der Zauberdoktor mit derselben unterirdischen Stimme fort. (Die meisten Zauberer sind Bauchredner.)

Er steht auf, und Vundla folgt ihm zu MaWandas Hütte. In der Türöffnung hockt sich der Medizinmann nieder. Er holt einen alten hässlichen Lederbeutel hervor, der an einem Lederriemen hängt, und schüttet den Inhalt aus: Kleine Knöchelchen und Rückenwirbel von Affen und Schlangen rollen über den roten Sandboden.

In der Hütte sitzt Bonisa eng an ihre Mutter gelehnt und schaut angespannt, was der Zauberer macht.

Seine grobe schwarze Hand nimmt die Wirbel und Knochen auf. Er schüttelt sie in dem Hohlraum zwischen seinen beiden Händen durcheinander und wirft sie dann mit unverständlichem Gemurmel vor MaWanda hin.

Die arme Frau stöhnt und keucht vor Angst.

Bonisa drückt sich noch fester an sie. Der Medizinmann tritt nun heran und untersucht, wie sich die kleinen Knochen auf dem Boden verteilt haben. Er gibt vor, daraus den Willen der Geister ablesen zu können.

Das dauert lange – sehr lange. Tiefe Falten kommen in das Gesicht des Zauberers, der unverständliche Worte murmelt.

Aber MaWanda zittert. Was wird jetzt geschehen? Endlich hebt der Medizinmann seinen Kopf, blickt MaWanda streng an und sagt:»Die Geister deiner Ahnen wünschen, den Geist deines kleinen Sohnes bei sich in der Geisterwelt zu haben.«

Ein Schrei tiefsten Mutterschmerzes entfährt ihren Lippen.

Noch einmal wirft der Medizinmann seine Knöchelchen; jetzt will er herauslesen, wie der Kleine sterben muss. Natürlich … er sieht es deutlich! Das Kind darf nichts mehr zu essen und zu trinken bekommen, dann wird sich der Geist in wenigen Tagen von seinem Körper gelöst haben, um in die Geisterwelt gehen zu können. Dann werden die Amadhlozi zufrieden sein, und Vundla wird wieder Erfolg haben.

Für diesen Rat fordert der Medizinmann die Bezahlung mit

einer gesunden Kuh, die er sich selbst aussuchen will, wenn Nkwee und Sikla mit der Herde heimkommen.

Als der gnadenlose Medizinmann am Abend mit der Kuh den Kral verlässt, um in sein Dorf zurückzukehren, bleibt in Vundlas Kral eine mutlose, völlig verzweifelte Familie zurück.

Die folgenden Tage sind für MaWanda von tiefstem Schmerz erfüllt. Das klägliche Geschrei des Kindes kann sie nicht mehr ertragen, und doch bleibt ihr keine andere Wahl. Vundla, ihr Mann, verachtet sie. Er sagt, sie habe der Familie noch nie einen Vorteil gebracht, obwohl er sieben Kühe als Brautpreis für sie bezahlen muss. Nie und nimmer ist sie sieben Kühe wert.

Sie kann ja nicht so schnell arbeiten wie die anderen Frauen, ihr Kind Bonisa hat drei Schafe weglaufen lassen, und nun haben die Geister das Leben des Jungen gefordert. Nein, Vundla kann kein freundliches Wort mehr zu ihr sagen. Er hasst sie.

Mambi will nicht mehr bei ihrer Mutter wohnen. Sie zieht lieber in MaMoyos Hütte. Sie fürchtet sich nämlich davor, dass die Geister, die anscheinend in MaWanda hausen, auch ihr Schaden zufügen.

Nur Bonisa bleibt bei ihrer Mutter und versucht, ihr so viel wie möglich zu helfen.

Eines Morgens, als Vundla zur Jagd in den Busch gezogen ist, sagt MaWanda zu ihrer Tochter, sie wolle zu Tukulas Kral gehen und ihn um Rat fragen, ob das Brüderchen doch am Leben bleiben darf.

Jetzt muss Bonisa in der Hütte bleiben und auf das Feuer achten, dass es nicht ausgeht. Sie muss auch dafür sorgen, dass der Kleine nicht so schreit. Aber das ist sehr schwierig!

Als MaWanda fortgegangen ist, kniet sich Bonisa neben dem kleinen Jungen auf den Boden. Seine Stimme ist ganz rau vom vielen Schreien. Oh, wie schrecklich weint er doch! Seine kleinen Fäustchen sind fest zusammengepresst und liegen auf seinen mageren Schultern.

Sie versucht, die alten Decken aus Antilopenhaut über ihn zu breiten, damit die Insekten ihn nicht plagen können; aber er stößt alles weg.

Sein Weinen wird zu einem angstvollen Geschrei, so wie es die Hyänen nachts im Wald hören lassen.

Das Brüderchen wird nun wohl bald sterben, denn so hat es der Zauberdoktor befohlen. Er sagt, dass die Geister der Ahnen auch den Geist ihres Bruders bei sich in der Geisterwelt haben wollen.

Bonisa weiß noch genau, wie entsetzlich traurig ihre Mutter war, als der Medizinmann sagte, das Brüderchen dürfe nie wieder essen oder trinken. Vater Vundla hatte auch böse und harte Worte gesprochen, weil ihre Mutter gesagt hatte, sie wolle nicht, dass ihr Kind stirbt. Da wurde der Vater wütend und wollte MaWanda schlagen … Ja, und da hat die Mutter eingewilligt. Natürlich hat sie das nur aus Angst vor dem Stock und vor dem Zauberdoktor sowie vor den Geistern gesagt.

Danach bekam das Brüderchen nichts mehr zu essen. Doch manchmal, wenn niemand es sah, ließ MaWanda eine Handvoll Wasser in seinen Mund gleiten.

Manchmal nahm die Mutter ihn auf den Arm und lief mit ihm zur Hüttentür. Da besah sie ihn lange in der hellen Sonne, und dann begann sie zu weinen. Das durfte aber niemand merken.

»Bonisa … du musst mich begleiten«, sagt plötzlich eine Stimme in der Hüttenöffnung.

Sie erschrickt, weil sie so sehr an den Zauberdoktor und an das Brüderchen denken muss. So hat sie gar nicht bemerkt, dass MaWanda zurückgekommen ist.

Schnell springt sie auf und bleibt kurz vor ihr stehen. Sie fragt: »Was soll ich tun?« Mutters Anordnungen sind kurz, und Bonisa folgt sofort.

»Du musst viel Holz auf das Feuer stapeln, dass es lange glühend bleibt, den Korb mit Maisteig nehmen und die Schlafmatte sowie die Antilopendecke dazupacken.«

Nachdem Bonisa alles flink zusammengerollt hat, nimmt MaWanda ihr Söhnchen und lässt es in das Tragetuch gleiten, das sie über dem Rücken zusammengeknotet hat.

Den Korb mit Mais setzt sie sich auf den Kopf. Darüber legt sie die aufgerollte Matte, um nach einer kurzen Anordnung für Bonisa die Hütte zu verlassen.

Vundlas andere Frauen stehen vor ihren eigenen Hütten und blicken ihr finster schweigend nach. Sie wissen, wohin MaWanda geht, und das macht ihnen Angst. Wenn das Vundla merkt, wie wütend mag er dann werden?!

Mit großen Schritten geht MaWanda über den Waldweg an Nkubes Kral vorüber, und Bonisa folgt ihr. Mutter sagt nichts, und Bonisa sagt ebenfalls nichts. So geht es wohl stundenlang.

Sie ist mit der Schafherde ihres Vaters oder mit Nkwee und den Rindern ganz weit ins Buschland gegangen – aber so weit, wie ihre Mutter jetzt geht, ist sie noch nie gekommen. Und Mutter läuft immer weiter, immer noch weiter. Der Busch wird dunkler. Die Bäume sind ganz hoch, und die Farnkräuter haben riesige Wedel, sodass sich Bonisa klein vorkommt und ängstlich zu werden beginnt.

Der Waldpfad führt immer weiter nach unten, zu einem kleinen Bach. Dort setzt sich MaWanda hin und ruht ein wenig. Sie nimmt den Kleinen aus dem Tragetuch und versucht, ihm Wasser zu trinken zu geben, das sie mit der Hand geschöpft hat. Aber er will nicht trinken. Mit seinen Fäusten schlägt er ihre Hand weg. Er tritt und schreit. Dicke Tränen kommen aus seinen dunklen Augen und laufen über seinen schrumpligen Körper. MaWanda beugt sich über den Kleinen, und auch ihre Augen füllen sich mit Tränen.

Bonisa fühlt sich ebenfalls sehr traurig. Alles ist heute so fremdartig, und das Weinen des Brüderchens scheint in dieser Waldesstille besonders laut zu sein.

Mutter bringt den Kleinen wieder in das Tragetuch, und dann geht es durch den Bach. Das Wasser ist nicht tief. Sie können bequem über die Klippen laufen.

Der Fußweg an der anderen Seite ist sehr schmal, und bald hört er ganz auf. Manchmal hält MaWanda an. Dann schaut sie nach der Sonne und nach den Bäumen. Überall blickt sie suchend umher.

Die Sträucher wachsen hier ganz dicht, sie kratzen ihnen Arme und Beine wund. Bonisa hält sich am Rock ihrer Mutter ganz fest. Sie fürchtet sich vor diesem fernen, fremden Wald; aber Mutter läuft immer nur weiter, immer nur weiter durch den schattigen Wald.

Ach, wie lange dauert diese Reise! Wieder durchwaten sie einen Fluss; aber dieser ist breit und hat eine starke Strömung. MaWanda merkt, dass Bonisa sich fest an sie klammert, während sie durchs Wasser gehen, das sie kräftig umspült.

Zum Glück kommen sie gut ans andere Ufer. Es sind auch keine Krokodile zu sehen. Wieder geht es weiter, immer weiter nach Süden. Bonisa kann beinahe nicht mehr laufen.

Dann bleibt MaWanda plötzlich stehen. Sie starrt geradeaus. Bonisa sieht auch etwas ... Es ist weiß und groß ... Es leuchtet im Sonnenlicht.

»Hier ist das Haus des weißen Mannes«, sagt MaWanda leise.

Und Bonisas Augen werden vor Verwunderung groß. Sie kennt nur die Hütten aus dem Kral und aus der Umgebung; aber dieses Haus ... so groß ... und so weiß ... Und vor dem Haus sitzen viele Kinder und Frauen auf dem Boden. Sie wird ganz verlegen. In einem solchen Fall hält sie immer die Hände vor die Augen. Sie traut sich nicht, richtig hinzuschauen.

MaWanda scheint auch verlegen zu sein. Sie lässt sich zwischen den Sträuchern auf dem Boden nieder und betrachtet andächtig das weiße Gebäude.

»Hier wohnt der weiße Mann, der starke Medizinen hat, um böse Geister aus den Menschen zu vertreiben«, erzählt sie Bonisa.

Sie haben nur kurze Zeit zusammen still auf dem Boden gesessen, als das Brüderchen wieder zu weinen anfängt. Da muss MaWanda wohl aufstehen und weiterlaufen.

»Oh, sieh mal! Der weiße Mann kommt selbst zu uns hergelaufen! Sein Gesicht ist ganz weiß, und sein Haar ist weiß, und seine Kleidung ist weiß.« Bonisa hält schnell wieder die Hände vors Gesicht und späht durch die Spalten zwischen ihren Fingern.

Der weiße Mann spricht freundlich mit der Mutter. Er sieht sich das Brüderchen an, legt seine Hand auf dessen Kopf und sagt: »Ach ... ach ...« Was mag das bedeuten? Ist es vielleicht ein Zauberwort?

Aaah ...! Da kommt zum Glück die schwarze Krankenschwester aus dem weißen Haus auf sie zu. Sie spricht eine Sprache, die MaWanda versteht. Dann gehen sie in das weiße Haus hinein, wobei Bonisa den Kopf in Mutters Rock versteckt.

Jhula, die schwarze Krankenschwester, nimmt das Brüderchen auf die Arme und bringt es in ein Zimmer im Krankenhaus. Da gibt so viele eigenartige und schöne Dinge zu sehen. Bonisa weiß gar nicht, wohin sie zuerst sehen soll.

Das Sicherste ist, die Hände vor den Augen zu behalten. Nur wenn der weiße Mann nicht zu ihr herblickt, wagt sie, die Hände ein wenig beiseitezuschieben.

»Komm, sieh dir an, wie ich das Brüderchen wasche«, sagt Jhula, während sie zu einer Badewanne geht.

Bonisa hält sich am Rock ihrer Mutter ganz fest. Als dann jedoch der weiße Mann zu ihr blickt und sagt, sie solle doch zu ihrem Brüderchen gehen, seufzt sie tief, geht aber hin.

Jhula dreht an einem blitzenden Ding, und klares Wasser strömt in die Wanne.

Bonisa kann einen Schreckensruf nicht unterdrücken; aber Jhula fängt an zu lachen und sagt: »Na, du hast sicher noch nie Wasser gesehen, das von selbst fließt! Weißt du was? Du musst bei uns bleiben, dann werde ich dir noch viele schöne Sachen zeigen.«

Als das Brüderchen schön sauber gewaschen ist, kommt der weiße Mann und will es untersuchen, wobei er MaWanda viele Fragen stellt.

»Wie heißt der Junge?«

»Er kann ja noch nicht laufen«, antwortet MaWanda.

»Bekommt er erst einen Namen, wenn er laufen kann?«

»Ja.«

»Warum bekommt er jetzt noch keinen Namen?«

»Vielleicht stirbt er vorher.«

»Wenn du ihm nichts zu essen gibst, stirbt er ganz sicher. Warum gibst du ihm nicht ausreichend zu essen?« Die Stimme des weißen Mannes klingt streng.

MaWanda flüstert leise: »Der Mais ist aufgebraucht.«

»Isst du auch nur sehr wenig?«

MaWanda nickt und seufzt tief.

»Wenn es genügend Mais in eurem Kral gäbe, würdest du dem Jungen dann genug zu essen geben?«, fragt der Missionar.

»Ja, dann würde ich ihm viel zu essen geben«, sagt die Frau tonlos.

Der weiße Mann, der diesen Worten keinen rechten Glauben schenken mag, läuft zu Jhula und sagt ihr in einer Sprache, die Bonisa nicht verstehen kann:»Nimm das Mädchen mit nach draußen und frage sie, warum ihr Bruder nichts zu essen bekommt.«

»Komm, wir gehen nach draußen zu den anderen Kindern«, sagt Jhula, während sie Bonisa mitnimmt, der das eigentlich nicht recht ist.

Aber mit Freundlichkeit und Späßen und in einer Sprache, die Bonisa versteht, erreicht die schwarze Krankenschwester schnell, dass Bonisa ihre Scheu überwindet.

Sie sieht, wie die anderen einheimischen Kinder, die sich auf dem Krankenhausgelände aufhalten, fröhlich herumtollen, Spiele machen und singen.

So dauert es auch nicht lange, bis Bonisa Jhula erzählt, dass der Zauberdoktor bei ihnen gewesen ist und dass ihr Brüderchen nun nichts mehr zu essen haben darf, weil sein Geist in die Geisterwelt eingehen soll.

»Wie schrecklich! Und deine Mutter hat Angst vor dem Zauberdoktor, nicht wahr? Aber unser weißer Doktor aus dem Krankenhaus ist ein kluger Mann. Er sagt, dass die Zauberer Lügner sind. Und das glaube ich auch ganz sicher!«, sagt Jhula sehr entschieden.

»Unser weißer Doktor hat ein schönes Buch, in dem viele kluge Sachen stehen. Darin kann man auch von dem Großen König lesen, der Kranke heilen kann. Die Zauberdoktoren aus unserem Land sind Lügner!«

Bonisa sieht sie an und achtet genau auf alles, was Jhula sagt. Dann fragt sie:»Ist der weiße Mann ein weißer Zauberdoktor?«

»Ach wo … er ist ein Umfundisi, ein Diener Nkulu-Nkulus, und das ist der große Gott, der alles gemacht hat. Bleib einfach hier im Krankenhaus. Dann kannst du auch zuhören, wenn der Umfundisi aus dem Buch vorliest.«

Der Missionar spricht noch eine lange Zeit mit MaWanda. Sie sitzt verzagt und zusammengesunken auf einem Stuhl und lässt den Kopf hängen. Dabei fahren ihre Hände nervös über ihren Rock. »Nein, nein … ich darf nicht bleiben. Ich muss in unseren Kral zurück; bevor es dunkel wird, muss ich zu Hause sein.« »Die Reise ist viel zu weit für eine so erschöpfte Frau«, sagt er freundlich. »Bleib eine Nacht hier. Und morgen, wenn es wieder hell ist, kannst du heimgehen.«

Aber aus MaWandas Augen spricht die blanke Angst. Sie sagt: »Nein, nein … Mein Mann weiß gar nicht, dass ich hier bin. Er wird mich bestrafen, wenn ich beim Fegen des Krals nicht zu Hause bin, bevor die Nacht kommt.«

»Ich werde dich mit dem Auto zu deinem Kral zurückbringen. Dann kann ich deinem Mann auch erzählen, dass Bonisa und ihr kleiner Bruder auf der Missionsstation bleiben, bis der kleine Junge wieder ganz gesund ist«, bietet der Missionar ihr an.

Schreckliche Angst zeigt sich auf dem Gesicht der armen Frau. Sie schlägt die Hände vor ihre Augen und beginnt, zu wimmern und zu stöhnen. Plötzlich springt sie auf und läuft zur Tür hinaus.

Gerade kommt Jhula mit Bonisa auf die Veranda des Krankenhauses gelaufen. Das Kind blickt dabei vergnügt lachend um sich.

Jhula, die schon einige Jahre in dem Krankenhaus arbeitet, ist eine verständige junge Frau und begreift sofort, was hier zu tun ist.

Der Missionar ist inzwischen ebenfalls nach draußen gekommen, wo Jhula die jammernde Frau auf der Veranda zu beruhigen sucht.

»Hör auf den Umfundisi!«, sagt sie tröstend. »Er ist ein sehr kluger Mann. Er wird weise Worte zu deinem Mann, zu Vundla, reden. Er wird auch Arzneien für alle Kranken in deinem Kral mitbringen.«

Der hoffnungslose Blick in MaWandas Augen erfüllt Jhula mit Erbarmen, und sie fragt: »Umfundisi, darf ich mitgehen und diese Frau zu ihrem Kral begleiten?«

»Ja, das ist eine gute Idee, Jhula! Dann bringen wir gleichzeitig noch zwei Patienten weg, die heute auch schon nach Hause dürfen.«

So kann MaWanda noch ein paar Stunden auf der Missionsstation bei Bonisa und dem Kleinen bleiben. Sie darf dann auch die große Schlafhütte ansehen, in der Bonisa jetzt schlafen soll.

Eine alte Afrikanerin kommt auf sie zu, hakt MaWanda unter und sagt:»Ach ja, du kommst aus dem Land, in dem das Licht noch nicht scheint. Aber hab keine Angst! Das Volk, das im Dunkeln wandelt, wird ein helles Licht sehen! Der, der das Licht der Welt ist, kam in unser Land der Finsternis.«

Die alte Frau wischt sich mit einem Rockzipfel die Tränen von den Augen ab, während sie weiterspricht:»Hast du nie von der Schwarzen Tänzerin aus Kimba gehört? Das bin ich. Früher tat ich nichts lieber als tanzen, feiern und Bier trinken. Bei allen Festen der Häuptlinge wurde die Schwarze Tänzerin eingeladen, um für die Geister zu singen. Ich war wirklich schwarz von Sünden. Ich wohnte im Land der Finsternis, aber dann kam das Licht. Mein schwarzes Herz ist nun voll Licht … Inkosi Jesu (der König Jesus) brachte das Licht in meine Seele, und er sucht noch viele schwarze Sünder, um sie ins Licht zu bringen.«

Die alte runzlige Hand hält MaWanda immer noch fest, und die alte Frau bittet mit ganzem Ernst:»Ach, bleib doch hier auf der Missionsstation. Ich werde dir von dem großen Licht erzählen, und der Umfundisi wird dir aus Nkulu-Nkulus Buch vorlesen.«

Das sind für MaWanda alles ganz fremdartige Worte. Sie begreift nicht, was sie bedeuten; aber sie sagt:»Meine Kinder bleiben hier.« Dabei zeigt sie auf Bonisa.»Erzähl ihr von dem Licht und hilf ihr, dieses Licht zu finden.«

Damit geht sie nach draußen. Sie sucht den Schatten eines Tschabéla-Baumes und setzt sich dort nieder, um die Zeit abzuwarten, bis der Missionar und Jhula sie auffordern, einzusteigen.

Alles ist äußerst fremdartig, sie zittert richtig.

Eine mitreisende Frau, die aber das Autofahren schon kennt, tröstet sie, dass es nicht gefährlich sei. MaWanda hält aber lieber doch ein Tuch vor Nase und Mund; denn sie riecht einen giftigen Dampf, der von bösen Geistern unter der Motorhaube herkommen muss. Der Dampf heißt»Benzin«, und man hat ihr gesagt, es sei gefährlich, ihn zu riechen. Davon würde man schwach werden und könne nicht mehr richtig arbeiten!

Das scheint MaWanda besonders gefährlich zu sein. Sie drückt einen Rockzipfel ganz fest gegen ihre Nase, sodass sie fast keine Luft mehr bekommt. Ja, überall, wohin sie auch kommt, scheinen Bedrohungen und böse Geister am Werk zu sein.

Als der Motor anspringt, reißt MaWanda vor Angst die Augen weit auf. Sie jammert erschrocken und will aus dem fahrenden Auto springen.

Jhula versucht, sie festzuhalten und zu beruhigen.

Die anderen Frauen lachen sie schrecklich aus. Sie sind schon mehrfach mit dem Missionsauto gefahren.

In der Nähe des Lupanda-Flusses hält der Missionar vor einem Kral an. Dort wohnt eine der beiden Frauen. Sie kann nun dankbar und geheilt wieder nach Hause gehen.

Während der Missionar mit ihr geht, um ihre Familie zu begrüßen, flüstert MaWanda Jhula zu: »Sorgt gut für meine beiden Kinder … Lass den weißen Mann nicht in unseren Kral kommen … Wenn der Mond tot gewesen ist und wieder lebt, komme ich, um die Kinder zu holen … Ich gehe jetzt allein nach Haus …« (Bei Neumond kann man den Mond nicht sehen. Darum meinte man dort, er sei gestorben.)

Schnell lässt sie sich aus dem Auto gleiten und verschwindet sofort im dichten Busch.

Jhula blickt ihr nach. Sie versteht die Angst der Frau vor dem Zauberdoktor, hatte sie doch das Kind, das den Hungertod sterben sollte, gegen seine Zustimmung zur Missionsstation gebracht.

Arme Frau, denkt Jhula. Wir werden bei der Abendandacht im Krankenhaus auch für sie beten, damit sie aus der Angst und Finsternis erlöst wird.

So geht MaWanda allein in ihren Kral zurück.

Auf der Missionsstation

Für Bonisa beginnt auf der Missionsstation ein neues Leben. In den ersten Tagen ist alles noch sehr fremdartig; aber die alte Afrikanerin MaRunda ist sehr freundlich zu ihr, und der Missionar unterhält sich auch oft mit ihr über ihren kleinen Bruder und über ihre Mutter, sodass die Furcht vor all den neuen Dingen im Krankenhaus schnell vorübergeht.

Den ganzen Tag über gibt es auf dem Krankenhausgelände so viel Neues zu hören und zu sehen, dass sie hofft, ihr Bruder möge noch recht lange dort bleiben müssen.

Jeden Tag kommen neue Patienten zur Missionsstation, sodass die Schlafhütte, in der auch Bonisa die Nächte verbringt, völlig überbelegt ist. Der Umfundisi hat gesagt, dass niemand mehr hineinpasst.

Aber wenn dann doch weitere Kranke kommen, sagt die Frau des Missionars: »Ach, lass sie doch bleiben. Die Menschen sind krank und schon so oft von den Medizinmännern ihres eigenen Volkes betrogen worden; da wollen wir ihnen helfen!«

Da kommt ein zwölfjähriges Mädchen, dessen Arm so dick angeschwollen ist, dass der Umfundisi und die Krankenschwestern ganz erschrocken sind. Dem Mädchen ist schrecklich bange; denn sie ist aus ihrem Dorf geflohen und ganz allein zur Missionsstation gekommen.

Der Zauberdoktor wird wieder in ihr Dorf kommen, um den kranken Arm zu behandeln. Aber sie fürchtet sich davor; denn der Medizinmann hat ihr schon mehrere Schnittwunden in dem geschwollenen Arm beigebracht und in die Wunde ein Puder sowie Kräuter gestreut, weil er meint, einen bösen Geist aus ihr herausholen zu müssen.

Dadurch bekam sie brennende Schmerzen in ihrem Arm, und alles wurde nur noch schlimmer. Aus Angst vor dem Zauberdoktor ist sie nun in das kleine Missionskrankenhaus gekommen.

Der Umfundisi operiert den Arm, und nach einigen Tagen wird der Arm wieder dünner und die Schmerzen lassen nach. Ein dankbares, frohes Lächeln liegt auf ihrem Gesicht, als sie geheilt wieder nach Hause gehen kann.

Eines Tages läuft Bonisa um die Mittagszeit über das Krankenhausgelände. Da hört sie ein klägliches Gejammer zwischen den Zweigen der Büsche.

Sie läuft darauf zu, biegt die Zweige auseinander und sieht dort einen Jungen auf dem Boden liegen.

Er stöhnt und ruft:»Meine Augen ... oh, meine Augen ... Ach, helft mir doch!«

»Aaah ...«, sagt Bonisa,»wer bist du denn?«

»Oh, meine Augen ..., meine Augen ...! Wo bin ich hier?«

Jhula, die alles sieht und hört, was auf der Missionsstation geschieht, kommt angelaufen und hockt sich neben Bonisa hin.

»Wer bist du? Wie kommst du hierher?«, fragt sie ihn.

»Ach, helft mir doch ...! Ach, meine Augen ....!«

Mit schnellen Schritten eilt Jhula zum Krankenhaus und holt Amos, den afrikanischen Pfleger. Er soll mit der Krankenbahre kommen. Dann geht sie ins Laboratorium, um den Missionar zu suchen.

»Oh, Umfundisi ... Oh, seine Augen sind schlimm krank«, sagt sie und muss erst einmal Atem schöpfen.

»Wessen Augen?«, fragt er.

»Ach ..., die Augen des Jungen, der draußen liegt. Er hat große Schmerzen.«

»Sag mir, wo er ist, Jhula.«

Etwas später hockt der Missionar neben dem Jungen, der halb unter den Sträuchern versteckt liegt. Vorsichtig legen sie ihn auf die Bahre, die Amos gebracht hat.

Der Junge sieht schrecklich aus. Seine mageren Arme liegen wie leblose Gegenstände neben dem ausgezehrten Körper. Die Rippen zeichnen sich scharf unter der schwarzen Haut ab. Den vom Hungerödem angeschwollenen Bauch bedecken notdürftig einige alte Fetzen.

Aber das Schlimmste sind seine Augen, deren Ränder durch die Entzündung dick und rot sind. Der eitrige Schmutz wird durch die harten Ränder der Lider verschmiert. Eine Schar quälender Fliegen kriecht ungehindert über die kranken Augen. Der Junge hat nicht mehr die Kraft, um sie fortzujagen.

»Wie heißt du, kleiner Freund?«, fragt ihn der Umfundisi.

»Oh, meine Augen …! Meine Augen! Da ist Feuer in meinen Augen!«, ist das Einzige, was der Junge antwortet.

»Bringt ihn ins Behandlungszimmer! Wir wollen zunächst seine Augen betäuben. Der Junge leidet große Schmerzen. Aber sag mir erst, Amos, wie werden die Augen dermaßen krank?«

»Ach …, das fragst du mich, Umfundisi? Ich werde dir die Antwort geben, die schon längst in deinem Herzen ist. Sind die Medizinmänner bei uns nicht alle Lügner und Betrüger? Die vergifteten Arzneien eines Zauberdoktors haben die Augen dieses Jungen zugrunde gerichtet. Aber du bist ein guter Doktor, der sehr viel weiß und gute Arzneien hat. Vielleicht kannst du seine Augen wieder heilen«, antwortet Amos.

»Du weißt genau«, sagt der Umfundisi, »dass ich keine Augen heilen kann, das kann nur der Herr, der große Arzt. Aber wir werden die besten Arzneien anwenden und den Herrn bitten, er möge durch seine Kraft die Augen heilen.«

In dem kleinen Behandlungsraum des Krankenhauses gibt der Missionar einige Tropfen in die Augen des kranken Jungen, um sie zu betäuben.

In seiner Angst jammert er: »Oh nein! Meine Augen! Es ist Feuer in meinen Augen!«

»Aaah …«, sagt der afrikanische Pfleger, »hab keine Angst vor dem Doktor. Er holt jetzt das

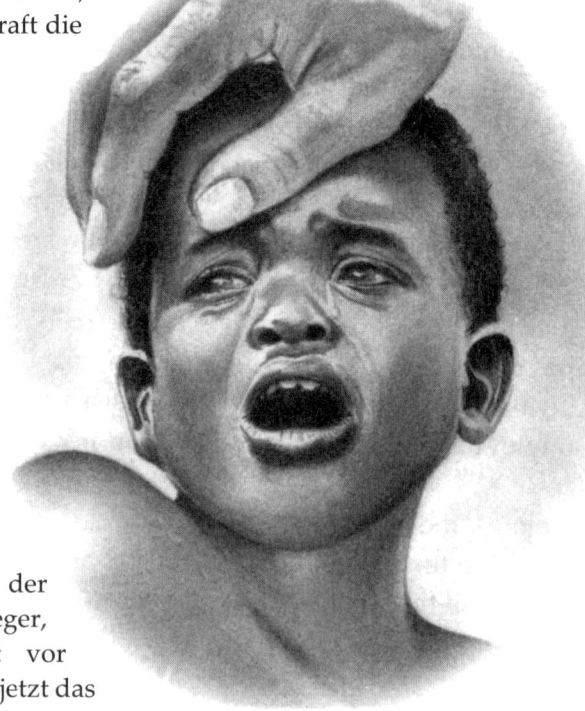

Feuer aus deinen Augen. Du weißt doch, wenn es brennt, und man gießt Wasser auf das Feuer, dann geht es aus. Nun ..., so macht es der Umfundisi auch bei dir. Er tröpfelt Wasser in deine Augen, und dann gehen die Flammen aus. Sei mutig, dann merkst du bald, dass das Feuer ausgeblasen ist.«

Der Junge fühlt sich durch Amos' Worte beruhigt und versucht, still zu sein.

»Umfundisi«, fragt Jhula verlegen, »gestern hast du aus dem heiligen Buch vorgelesen. Dort sagt der Herr: Getrennt von mir könnt ihr nichts tun (Johannes 15,5). Sollten wir nicht erst einmal bitten, dass der Herr uns helfen und die Augen heilen möge?«

Der Missionar sieht sie vergnügt an und antwortet: »Du hast gut zugehört, Jhula. Ja, wir wollen gleich für diesen Jungen bitten. Bereite aber erst den Operationsraum vor, dann können wir ihm so bald wie möglich helfen. Vielleicht können wir ihm mit Gottes Hilfe die Augen retten.«

Dann legt man den Jungen auf einen einfachen, hölzernen Operationstisch.

Der brennende Schmerz in seinen Augen ist vorüber. Er seufzt und sagt langsam: »Das Feuer verschwindet ... aber ich sehe kein Licht. Ich bin noch immer im Dunkeln.«

»Ja, kleiner Freund«, sagt der Missionar, indem er die magere Hand des Jungen fest drückt, »du hast richtig gesagt, dass du noch im Dunkeln bist. Hoffentlich verlangst du danach, das Licht zu sehen.«

»Wer hätte nicht den Wunsch, das Licht zu sehen?«, seufzt der Junge.

»Aaah ...«, antwortet Amos schnell, »wer nicht weiß, dass er im Dunkeln ist, verlangt auch nicht nach dem Licht.«

Der Junge bewegt den Kopf und sagt: »Ich weiß, dass ich im Dunkeln bin. Und wie gern würde ich das Licht sehen!«

»Wir wollen beten, dass du es sehen kannst«, antwortet der Missionar.

So stehen sie zu dritt um den einfachen Operationstisch: der Missionar, Amos, sein treuer schwarzer Pfleger, und Jhula, die afrikanische Krankenschwester.

Sie neigen den Kopf, und der Missionar bringt in einer Sprache, die auch der Junge versteht, mit einfachen Worten dessen Krankheit und seine große Not vor Gott, den großen Arzt.

Er ist sich zutiefst seiner Abhängigkeit vom Segen des allmächtigen Gottes bewusst. Deshalb bittet der weiße Mann Gott, dem blinden Jungen das Augenlicht wiederzugeben.

Noch ernster werden seine Worte, als er um das Licht bittet, das von der Sonne der Gerechtigkeit ausgeht. Es ist ihm ein Anliegen, dass in die Dunkelheit dieses Herzens Gottes Licht leuchten möge.

»Wo ist der große Medizinmann, der meinen Augen wieder Licht geben soll?«, fragt der Junge.

Und dann fährt er plötzlich hoch, zittert am ganzen Leib und ruft: »Nein …, es geht nicht! Nein, ich habe kein Stück Vieh zum Bezahlen!«

Der Missionar schüttelt den Kopf, und Amos sagt lachend: »Aaah, es ist immer dasselbe, jeder denkt, er müsste die Behandlung mit einem Tier bezahlen. Aber so ist das: Noch nie hat ein afrikanischer Medizinmann eine Krankheit behandelt, ohne sich mit einem Tier oder mit Mais bezahlen zu lassen.«

»Amos, sag ihm, dass ich ein Diener des größten ›Medizinmeisters‹ von ganz Afrika bin; aber dieser Arzt will keine Bezahlung durch Tiere oder Geld. Er hilft allen, die in Not sind. Denn er hat alles selbst bezahlt, was nötig ist, um die Kranken zu heilen, und vor allem will er in ihre dunklen Herzen Licht bringen.«

Amos, der selbst aus dem Heidentum heraus Christ geworden ist, erzählt dem Jungen auf verständliche Weise von dem Opfer, das der Sohn Gottes einmal dargebracht hat. Und davon, dass der vollständige Preis für unsere Heilung und Erlösung bezahlt worden ist.

»Aber …«, so sagt er nachdrücklich weiter, »solange du noch nicht weißt, dass deine Seele im Finsteren wohnt, wird sie nie nach dem Licht verlangen, das Jesus Christus, Gottes Sohn, schenken kann.«

In dem Zimmer für die Schwerkranken wird für Senja – so heißt der Junge – ein Plätzchen frei gemacht. Er muss nach der Operation noch weiterhin intensiv versorgt werden.

Als Amos später über das Krankenhausgelände an einigen Sträuchern vorbeigeht, sieht er zwischen den Zweigen ein schwarzes Gesicht, aus dem ihn ein Paar dunkle Augen genau beobachten. Er biegt die Zweige beiseite und blickt in ein ängstliches Jungengesicht.

»Aaah ...! Bist du krank?«, fragt Amos. »Bleib hier nicht sitzen. Der Umfundisi kann dir so nicht helfen.«

»Nein, ich bin nicht krank. Ich habe meinen Bruder hierhergebracht. Was macht ihr mit ihm?«, fragt der Junge schüchtern.

»Ist Senja dein Bruder? Welcher Zauberdoktor hat seine Augen verdorben?« Dabei klingt Amos' Stimme richtig drohend.

»Er war ein sehr teurer Medizinmann«, sagt der Junge.

»Sag mir, wie viele Kühe habt ihr dafür bezahlt, dass er Senjas Augen kaputt gemacht hat?«

»Wir bezahlten eine schöne Kuh; aber seine Augen wurden immer schlimmer, und ich schlafe mit ihm in der gleichen Hütte. Diese Nacht klagte und jammerte er in einem fort darüber, dass Feuer in seinen Augen war. Ich konnte keinen Augenblick schlafen. Darum hätten wir ihn heute wieder zu demselben Zauberdoktor bringen sollen. Aber er wollte es nicht. Deshalb habe ich ihn hierhergebracht.«

»Warum hast du ihn denn nicht gebracht, als seine Augen nur ein bisschen krank waren? Unser Umfundisi hat doch die besten Arzneien für alle Augen«, erwidert Amos.

»Der Zauberdoktor wird über jede Familie einen Fluch aussprechen, die einen Kranken zur Missionsstation bringt«, antwortet er.

»Warum bringst du ihn denn jetzt trotzdem hierher? Fürchtest du dich nicht vor dem Fluch, der über euch kommt?«

»Nein ..., niemand weiß, dass ich Senja gebracht habe.«

»Und was sagst du, wenn du nach Hause kommst?«

»Aaah ... als ich meinen kranken Bruder zu dem Zauberdoktor bringen sollte, kam im großen wilden Busch ein Löwe und wollte mich fressen. Musste ich da nicht fortlaufen? Und als ich zurückkam und meinen Bruder suchte und nicht fand ..., wird ihn sicher der Löwe gefressen haben.«

»Oh weh, oh weh ...«, antwortet Amos. »Du willst also solche Lügen erzählen, wenn du nach Hause kommst. Lügen sind Sünden gegen Gottes Gebot. Du musst deiner Familie erzählen, dass Senja hier ist und dass der Umfundisi gute Arzneien für kranke Augen hat. Wenn Senja gesund ist, wird er wieder zurückkommen. Wo liegt der Kral, in dem du wohnst?«

Die Augen des Jungen sind von Angst erfüllt:»Nein …«, sagt er erschrocken.»Wir wohnen im Süden …, ganz weit im Süden …, aber Senja darf nie mehr nach Hause kommen.«

Mit einem unerwarteten Sprung schießt der Jungen unter den Sträuchern hervor und rennt fort, so schnell er kann, … aber nach Norden!

Amos erledigt weiter seine Arbeit, die er für den Missionar tut. Er versteht, dass der Junge aus Angst vor dem Zauberdoktor seinen Wohnort nicht preisgeben will. Senjas Heimat-Kral kennen sie also nicht. Wird Senja ihnen jemals erzählen, wo er zu Hause ist?

An jedem Abend hält der Missionar in dem Flur des Missionshauses eine Abendandacht für die Patienten.

Der lange Flur, an den sich die drei Krankenzimmer anschließen, ist voller Patienten, die selbst gehen können. Ihre Angehörigen, die auf dem Gelände der Missionsstation in Hütten untergebracht sind, kommen nach dem Pfeifsignal, das Amos gibt, angelaufen. Sie wollen ebenfalls zuhören, wenn aus dem heiligen Buch von Nkulu-Nkulu vorgelesen wird.

Die Krankenzimmer haben offene Fenster zum Flur hin. Auch die Türen stehen offen, sodass die Patienten, die im Bett bleiben müssen, ebenfalls hören können, was im Gang gesprochen wird.

Jhula hat Senjas Bettgestell direkt unter die Fensteröffnung geschoben und flüstert ihm noch zu:»Hör gut zu, Senja. Der Umfundisi erzählt etwas aus der Bibel. Er wird auch für dich beten.«

Senja kann mit dem Verband vor den Augen nichts sehen; aber seine Ohren sind weit geöffnet, um ja keines von den Worten zu überhören, die der Missionar sprechen wird.

So sitzen da mehr als hundert dunkle Kinder und Frauen sowie ein paar Männer auf den Ziegelsteinen des Krankenhausflurs. Dicht aneinandergedrückt sitzen sie da und lehnen ihre Rücken gegen die weiß gekalkten Wände.

Mitten im Gang stehen zwei Stühle. Darauf sitzen der Missionar und seine Frau Mary.

Neben dem Missionar steht Amos, der schwarze Pfleger, und an der anderen Seite, neben Schwester Mary, sitzt auf dem Boden die alte MaRunda.

Und in dieser Gruppe dicht gedrängter Menschen sitzt auch Bonisa, dem Missionar genau gegenüber.

Eigentlich ist dies immer wieder der schönste Augenblick des ganzen Tages; denn nun wird der Umfundisi erzählen, und sie wird zuhören. Sie möchte immer mehr aus dem heiligen Buch erfahren.

Die alte MaRunda hat Bonisa gesagt, dass der Umfundisi kein »weißer Zauberer« ist, wie sie zu Anfang gedacht hatte. Nein, er ist der Diener des allmächtigen Gottes, der im Himmel wohnt.

Und der wunderbare König, Jesus Christus, ist der mächtig große Arzt, der die Kranken heilen und ihnen allen die Angst vor den bösen Geistern nehmen kann.

Der Missionar stellt sich jetzt hin.

Er hat Gottes Buch aufgeschlagen in den Händen und blickt noch einmal über die Menschen hin, die auf dem Gang sitzen und zuhören.

In gespannter Aufmerksamkeit sind die vielen dunklen Augen auf den weißen Mann gerichtet, während er aus Gottes Wort etwas über den Großen König vorliest. Er hat gesagt:»Kommt her zu mir, alle ihr Mühseligen und Beladenen, und ich werde euch Ruhe geben. Nehmt auf euch mein Joch und lernt von mir, denn ich bin sanftmütig und von Herzen demütig, und ihr werdet Ruhe finden für eure Seelen; denn mein Joch ist sanft, und meine Last ist leicht« (Matthäus 11,28-30). Nach der Lesung sagt er:»Wir werden jetzt den Großen König bitten, uns durch sein Wort zu segnen, das wir gehört haben.«

Alle stehen auf, auch die Kinder. Während alle die Köpfe senken, spricht der Umfundisi sein Gebet. Er bittet um Gnade und um ein kräftiges Wirken des Heiligen Geistes in den Herzen der Menschen. Nur der Heilige Geist kann in den Menschen neues Leben geben und neues Licht anzünden, das ihre tiefe geistliche Finsternis erhellt, damit sie glauben können, dass alles, was in Gottes Wort steht, auch wirklich Wahrheit ist.

Ein solches Gebet ist ein Bitten, das die Luft und die Wolken durchdringt und zu Gottes Thron aufsteigt, der gesagt hat: »Fordere von mir, und ich will dir die Nationen zum Erbteil geben und die Enden der Erde zum Besitztum« (Psalm 2,8) – ein Bibelvers, den man auch auf die Missionsarbeit beziehen kann.

So betet hier im Namen des Herrn Jesus der Missionar dafür, dass diese unwissenden Menschen zu einem Erbe und Besitztum Christi werden, damit sie lernen, sich vor ihm als ihrem König zu beugen. Dem Beter geht es darum, dass Christi Lob und seine Herrlichkeit bei vielen Völkern verkündigt werden.

Nach dem Gebet setzen sich alle wieder hin, und der Missionar erzählt ihnen etwas über den verlesenen Text.

Der Umfundisi blickt die Menschen an; lange und ganz ruhig tut er das, bis es wieder ganz still ist auf dem Krankenhausflur.

Alle blicken nun auf den weißen Mann, der mit dem Erzählen beginnt.

»Seid ihr auch schon einmal ganz furchtbar müde gewesen?«, fragt er, »so sehr, dass ihr euch nur nach Ruhe gesehnt habt ...?«

Die Aufmerksamkeit der Menschen ist spürbar. Sie blicken unverwandt auf den Missionar, der ganz ruhig und sehr deutlich in ihrer Sprache redet.

»Wenn die Frauen und Mädchen eine große Kalebasse am Fluss oder an einer Quelle mit Wasser gefüllt und sie viele Male am Tag sehr, sehr weit auf dem Kopf getragen haben, dann sind sie ganz müde und möchten von der Last des Wasserkruges gern befreit sein sowie Ruhe haben ...«

Der Umfundisi blickt auf die Leute, die rechts und links von ihm auf dem Boden sitzen. Er wartet einen Augenblick, bevor er weiterspricht.

Die Frauen blicken ihn zustimmend an, und Bonisa denkt an ihre Mutter. Aaah ..., MaWanda! Sie ist auch immer so furchtbar müde, nachdem sie Wasser aus dem Fluss geholt hat.

Der Missionar fährt fort:»Wenn ihr schwere Körbe mit Mais oder große Holzbündel auf euren Schultern aus dem Busch schleppen müsst, dann sehnt ihr euch auch nach Ruhe. Euer Kopf und euer Rücken werden von der schweren Last niedergebeugt, und ihr könnt sie kaum noch tragen. Ja, dann verlangt ihr danach, eure Last niederzulegen. Und wenn dann jemand zu euch käme, während ihr ganz müde seid und fast zusammenbrecht, und zu euch sagte: Gebt mir nur eure Lasten von euren Schultern, ich werde sie tragen, und ihr dürft euch ausruhen, würdet ihr dann nicht dankbar sein?«

Die Frauen und Mädchen blicken den Umfundisi an und nicken mit den Köpfen. Ja, ja, sie sind oft müde von den schweren Lasten, die sie tragen müssen.

»Aber«, sagt der Missionar, und seine Stimme wirkt noch eindringlicher, damit alle ganz gut zuhören, »es gibt eine Last, die noch viel, viel schwerer ist als die schwerste Ladung, die ihr jemals geschleppt habt – sei es Brennholz, Wasser oder Mais. Das ist die Last der Sünde, die ihr allesamt mit euch durchs Leben tragt. Aber was ist Sünde? Wisst ihr, was Sünde ist?«

Er schweigt kurz. Ernst gehen seine Blicke über die dunklen Gestalten.

»Wer kann uns sagen, was Sünde und was die Last der Sünde ist?«, wiederholt er seine Frage.

Die Menschen werden ein wenig unruhig. Sie wissen ganz genau, was der Umfundisi meint.

Dann stellt sich die alte MaRunda hin. Etwas zittrig stützt sie sich auf die Lehne von Schwester Marys Stuhl und flüstert eine Antwort. Schwester Mary bittet sie, etwas lauter zu sprechen, damit alle es verstehen können.

MaRundas Stimme ist noch schwach, als sie antwortet: »Alles, was gegen das heilige Gebot Gottes ist, das ist Sünde.«

»Amos, wiederhole das noch einmal, damit alle Menschen es hier hören können«, sagt Schwester Mary zu dem afrikanischen Pfleger.

Amos' Stimme klingt laut und deutlich durch den Flur und dringt auch durch die offenen Fenster in die Krankenzimmer.

»Und woraus besteht die Last der Sünde, die so schwer drückt?«, fragt der Umfundisi weiter. MaRundas Antwort ist wieder ganz leise; aber Amos wiederholt sie mit kräftiger Stimme.

Nun wendet sich der Missionar an MaRunda und fragt sie, ob sie die Last der Sünde gespürt hat.

Oh ja, sie hat sie als drückende Last auf ihrer Seele mit sich herumgetragen!

Sie hat vor den Häuptlingen bei den Götzenfesten ihres Stammes getanzt. Das war Sünde gegen Gottes heiliges Gesetz, und sie ist schuldig gegen dieses Gesetz geworden. Das ist schließlich zu einer unerträglichen Last für ihre Seele geworden, die sie spürte, als der Missionar in seinen Predigten Gottes heilige Gebote erwähnt hatte. Da konnte sie nicht mehr tanzen, Bier trinken und die Götzen anbeten; denn der Heilige Geist hat ihr Herz angerührt.

Der Missionar war danach noch einige Male in ihrem Dorf und hat von dem Großen König, von »Inkosi Jesu«, erzählt. Ehrfurcht und Liebe gegenüber dem allmächtigen Gott sind daraufhin in ihre Seele gekommen. Eine bisher nie empfundene Traurigkeit kam in ihr Herz.

Das war die Trauer über ihre Sünden, über die vielen, ja, unzählbar vielen Sünden gegen die Gebote des Schöpfers.

Und dann hat der Umfundisi aus dem heiligen Buch gelesen und von dem Blut des Sohnes Gottes gesprochen, das von aller Sünde reinwäscht.

Aber dann konnte sie glauben, dass sie allein dadurch von der schweren Last ihrer Schuld und Angst, die auf ihr lag, erlöst werden konnte. So kam durch den Glauben die Vergebung durch das Blut dieses Königs Jesus in ihr finsteres Herz. Die Last ihrer Sünde wurde ihr abgenommen, und Ruhe zog in ihre Seele ein, während Schuld und Angst verschwanden.

Damals kam Licht in ihre Seele, das Licht von Jesus Christus. Er ist die Sonne, er ist Gottes Gerechtigkeit. Oh, wie hat das ihr Leben verändert! Da zogen Frieden, Freude und Liebe zu diesem König Jesus und auch Liebe zu den Menschen um sie her in ihr Herz ein. Von dieser Zeit an hatte sie aber auch großes Verlangen nach dem heiligen Buch des Nkulu-Nkulu.

Amos wiederholt mit deutlicher Stimme das Zeugnis der alten, nun aber bekehrten Tänzerin MaRunda. Früher war sie überall als die »Schwarze Tänzerin von Kimba« bekannt, doch durch die Arbeit des Missionars ist sie Christin geworden!

Schwester Mary hört bewegt zu, und alle Menschen auf dem Steinfußboden sind ganz still.

Bonisa schiebt sich vor, damit sie MaRunda besser sehen kann. Sie kann die Augen gar nicht von der alten Frau abwenden. Oh, jetzt blickt MaRunda zu ihr herüber, und auch Schwester Mary sieht zu ihr her. Ob sie wohl gemerkt haben, wie gut sie aufgepasst hat? Bonisa will alles behalten. Wenn sie wieder in den Kral zurückgehen muss, wird sie ihrer Mutter alles erzählen.

Der Missionar beginnt wieder zu sprechen, doch zuvor blickt er über die Menschen hin, ob sie auch gut zuhören.

»Habt ihr auch die Sünde in eurer Seele als eine schwere Last empfunden, von der ihr gern erlöst wäret? Dann hört auf Gottes Wort: Kommt her zu mir, alle ihr Mühseligen und Beladenen, und ich werde euch Ruhe geben.« Blickt der Umfundisi nun sie, Bonisa, an, während er das sagt?

Dann werden noch einige Lieder gesungen, wobei der zweistimmige Gesang als ein prächtiger Chor durch den Flur sowie die Fenster und noch weiter hinausdringt, bis zu den Bäumen im tiefen Busch – ein Loblied zu Gottes Ehre.

Ein umherirrendes Schaf

Nachdem die Abendandacht vorüber ist, bricht die Dunkelheit schnell herein. Auf der Veranda und in den Krankenzimmern werden Öllampen entzündet.

Die Schwestern sehen nach den Kranken in ihren Schlafräumen, und die Familienangehörigen gehen zu ihren Schlafhütten, wo sie noch eine Zeit lang an den Holzfeuern sitzen.

Bonisa hat sich auf die niedrige Mauer vor der Veranda gesetzt und schaut sich das Treiben um sie her an. Ihr kleiner Bruder liegt nun im Schlafsaal in seinem Bettchen. Sie selbst darf noch ein wenig umherlaufen, bis Schwester Mary und Jhula die Türen des Krankenhauses schließen.

Sie hat so vieles zu bedenken! Das kommt daher, dass sie so viel Neues sieht und hört, wovon in ihrem Kral noch niemals die Rede war. Besonders das, was der Missionar vor einigen Tagen aus dem heiligen Buch vorgelesen hat, beschäftigt sie immer noch. Da war von dem Großen Hirten die Rede, der seine Schafe nie allein lässt, sondern sie immer heil nach Hause bringt.

Der Umfundisi hat über die Schafe des Guten Hirten gesprochen. Das sind die Kinder und auch die großen Leute, die sich zu ihm bekehrt haben, an ihn glauben und ihm folgen. Sie werden nie verlorengehen. Wenn aber die Kinder und auch die Großen keine Schafe in der Herde des Königs Jesus sind, werden sie verlorengehen und in die ewige Finsternis geraten.

Diese Worte kann Bonisa nicht vergessen ... Denn sie, sie ist kein Schaf des Guten Hirten ..., sie ist ein Kind, das zu den Geistern betet. Sie trägt ein Amulett am Hals, in dem – wie man sagt – die Kraft der Urahnen steckt, die sie beschützen sollen; aber dann ist man kein Schaf in der Herde von Inkosi Jesu.

Eine Hand legt sich auf Bonisas Schulter.

Sie blickt auf und sieht den Umfundisi neben sich stehen. Der Missionar sieht sie freundlich an.

Verlegen steht sie auf und verbeugt sich vor ihm. Ein Lächeln gleitet über sein Gesicht. Nun lässt er sich auf der Mauer nieder und setzt das Mädchen neben sich.

»Bonisa, bist du gern bei uns auf der Missionsstation?«, fragt er. Es dauert eine Zeit, bevor sie antwortet. Ihre Hände reiben sich an dem Mäuerchen, während sie auf den Boden blickt. Dann sagt sie leise: »Ich bin kein Schaf von Inkosi Jesu, aber ich möchte nicht immer in der dunklen Nacht sein.«

Die Antwort des schwarzen Mädchens bewegt das Herz des weißen Mannes. Er bittet still um Weisheit, was er antworten soll.

»Warum fürchtest du dich vor der dunklen Nacht, Bonisa?«, fragt er sie. »In der Nacht kannst du doch in deine Hütte gehen und beim Feuer schlafen, dann besteht doch keine Gefahr!«

Bonisa kann darauf nicht direkt antworten.

Ach, sie möchte dem freundlichen Missionar alles erzählen … über ihre Schafe, die sich verlaufen hatten, und über die schreckliche, angstvolle Nacht draußen im dunklen Busch.

Aber vielleicht wird der Umfundisi böse auf sie, wenn er das alles hört. Sie seufzt ein paar Mal tief, zappelt unruhig mit den Beinen hin und her, indem sie weiterhin auf den Boden blickt.

Der Missionar begreift, dass in dem Kind etwas lebendig ist, was sie nicht so leicht erzählen mag. So bleibt er ruhig neben ihr sitzen und wartet ab.

Schwester Mary schaut nach ihrem Mann aus und sieht ihn neben Bonisa auf der Mauer sitzen. Sie sieht ihn fragend an. Durch eine kleine Handbewegung des Missionars versteht sie, dass er mit Bonisa sprechen will.

Schwester Mary weiß, dass die persönlichen Gespräche mit den Schwarzen in ihrem Missionsdienst sehr wichtig sind. Leider ist meistens zu wenig Zeit, um mit den Patienten über ihr Familienleben zu sprechen.

Wenn sich aber solche Gelegenheiten ergeben, muss man sie mit einem betenden Herzen wahrnehmen.

Die Öllampen auf der Veranda und an den Mauern des Krankenhauses geben einen sanften Schein in der schnell zunehmenden Dunkelheit. Das Summen der Insekten um das Lampenlicht und das Zirpen der Grillen kündigen die afrikanische Nacht an.

Hinter dem Krankenhaus hört man die Schafe blöken, die gerade in den Kral getrieben wurden.

Bonisa hebt lauschend den Kopf hoch. Sie hört das Blöken der Schafe. Oooh …, nun kommt es ihr vor, als sei sie wieder wie an dem schrecklichen Abend daheim in Vundlas Kral! … Jetzt muss sie dem Umfundisi alles sagen.

Schwester Mary hat in der kleinen Missionarswohnung das Abendessen fertig gemacht und blickt aus dem Fenster.

Es dauert lange, bis ihr Mann kommt. Ob er wohl noch immer mit Bonisa auf der Mauer sitzt, oder hat man einen neuen Patienten gebracht?

Draußen herrscht die dunkle Stille der hereingebrochenen Nacht. Ein Esel schreit, die Schafe blöken im Nacht-Kral, und die Nachtschwalbe fliegt mit lautem Flügelschlag am Fenster vorüber. Aus der Dunkelheit nähert sich langsam ein schwaches Lichtbündel über den Buschpfad, der die Wohnung mit dem Krankenhaus verbindet. Das wird wohl ihr Mann sein.

Schwester Mary läuft hinaus, dem Licht entgegen. Sie selbst hat auch eine Laterne bei sich, die den Boden schwach erleuchtet. Es können Schlangen auf dem Weg liegen. In dem schmalen ausgetrockneten Flussbett treffen sie sich auf halbem Weg.

»Du hast lange auf mich warten müssen, Mary.«

»Ja, aber ich wusste ja, welch wichtige Arbeit du tun musstest«, antwortet sie verständnisvoll.

»Du meinst, dass ich Bonisa zugehört habe?«

»Ich meinte, du hättest mit ihr gesprochen.«

»Ach, ich habe mehr zugehört als etwas gesagt.« Und dann spricht er tief bewegt weiter: »Oh Mary, ich kann gar nicht sagen, was ich empfand, als das Kind mir von seinen Ängsten und dem harten Leben erzählte, das sie daheim in ihrem Kral durchmacht. Armes, armes Kind …! Ein verlorenes Schaf, ohne Hirten …, das im dunklen Afrika umherirrt.«

Sie gehen zusammen den Buschpfad entlang, während tiefe, an- und abschwellende Trommeltöne von fern her kommen und durch die Dunkelheit herübergetragen werden. Oben, auf dem höchsten

Punkt des Hügels, bleiben sie lange in der schwülen Tropennacht stehen und reden miteinander.

Über solche Augenblicke des Austauschs freuen sich die beiden. Leider haben sie viel zu wenig Zeit, um sich gemeinsam über den großen Auftrag der Missionsarbeit und darüber auszusprechen, wie man die Botschaft des Evangeliums diesen Unwissenden nahebringen kann.

Doch hier – auf dem Hügel in den Lupanda-Bergen – erzählt der Missionar seiner Frau Bonisas Geschichte, die er soeben erst von dem Mädchen selbst gehört hat.

Ein warmer Nachtwind kommt auf, und ein dunkelblauer Nachthimmel wird sichtbar. Die Formen der Bäume und Hügel zeichnen sich gegen den Horizont ab.

»Mary ..., wie viele Tausende von Menschen mögen in all den Hütten wohnen – so weit, wie wir tagsüber von hier aus nach Norden, nach Süden, nach Osten und nach Westen sehen können ...? Es sind alles Menschen mit einer unsterblichen Seele. Ach, wie wenig können wir doch für so unzählig viele Afrikaner tun! Wir müssen den Herrn bitten, mehr Arbeiter auszusenden. Die Ernte ist groß ..., entsetzlich groß ... und der Arbeiter sind so wenige.«

»Ja, und jede Hilfe, die wir auf unserer Missionsstation geben können, ist, als wären es wenige Tropfen Hilfe in einem Ozean von Elend und Tod in diesem riesigen Afrika«, antwortet sie ihm.

»Es fällt mir auch so schwer, die Kranken, die in den letzten Wochen gekommen sind, in ihre fernen Dörfer zurückzuschicken«, fährt sie fort, »besonders die Frauen mit den kleinen Kindern. Ich kann sie aber nicht mehr aufnehmen. Die Krankenzimmer sind überfüllt, die Menschen liegen dicht beieinander, zwischen und unter den Betten. Wir müssen versuchen, eine Erweiterung anzubauen.«

»Aber wir haben kein Geld, Mary.«

»Der Herr hat uns schon so oft geholfen. Wollen wir doch auf ihn vertrauen! Wenn wir mehr Menschen im Krankenhaus aufnehmen können, dann können wir ihnen allen auch Gottes Wort verkündigen. Weißt du, ich würde so gerne Tausenden in unserem Krankenhaus helfen und ihnen von der Macht und Liebe Christi erzählen. Ach, wie viele Menschen gehen hier ohne Trost dem Tod entgegen, weil sie nicht beten können! In Tausenden von Hütten liegen Kinder und Frauen in großer Angst, Not und Einsamkeit. Wenn sie doch beten könnten:

Ich bin krank und arm und bloß;
mein Gott, du Helfer der Elenden!
Wollst eilends deine Hilfe senden;
dein Kommen macht die Ketten los.«

So stehen die beiden Missionsleute da oben auf dem Hügel im schwachen Licht ihrer Laternen und blicken auf die dunklen Wälder, wo in den Hütten der Einheimischen ein solch namenloses Elend herrscht.

Lange, lange stehen sie da. Sie sprechen über ihren großen Auftrag, den noch in der Finsternis lebenden Afrikanern von dem heiligen Evangelium Gottes zu erzählen, das er uns aufgetragen hat. Sie reden aber auch über den Herrn Jesus, den obersten Hirten, der Gottes Gebote völlig gehalten und uns den Weg zu seinem Vater frei gemacht hat.

Dabei empfinden sie den unschätzbaren Wert jeder Menschenseele, und es kommt ein heiliges und feuriges Verlangen in ihr Herz, auch die Unwissenden zur Erkenntnis des Evangeliums zu bringen.

Sie wissen, dass sie in ihrer Arbeit ganz von Gottes Segen abhängig sind und dass nur Gott allein die Herzen der Menschen öffnen kann, damit sie von Neuem geboren und zu wahren Christen werden.

Aber sie haben von ihrem König den Auftrag bekommen: »Geht … hin und macht alle Nationen zu Jüngern und tauft sie auf den Namen des Vaters und des Sohnes und des Heiligen Geistes und lehrt sie, alles zu bewahren, was ich euch geboten habe« (Matthäus 28,19-20).

In der Missionarswohnung knien an diesem Abend zwei Menschen, um die Sorgen in ihrer Arbeit und die Not sowie den Kummer vieler Patienten aus dem Missionskrankenhaus im Gebet dem allmächtigen Gott vorzustellen.

Tief bewegt beten sie um die Erfüllung der Verheißung, die der Herr Jesus selbst einmal seinen Jüngern gab: »Ich habe noch andere

Schafe, die nicht aus diesem Hof sind; auch diese muss ich bringen … und es wird eine Herde, ein Hirte sein« (Johannes 10,16).

Es ist ein Gebet des Glaubens, dass der oberste Hirte auch aus dem dunkelsten Afrika Schafe zu der großen Herde hinzufügen möge, weil er doch gesagt hat:»Meine Schafe hören meine Stimme … und sie folgen mir; und ich gebe ihnen ewiges Leben, und sie gehen nicht verloren in Ewigkeit« (Johannes 10,27-28).

In den folgenden Tagen gibt es im Krankenhaus sehr viel zu tun, sodass der Missionar keine Zeit findet, noch einmal mit Bonisa zu sprechen. Unter anderem wird ein Junge zur Missionsstation gebracht, den ein Krokodil angefallen hat. Sein Oberschenkelknochen wurde beschädigt, und das Bein muss operiert werden; aber es bleibt glücklicherweise erhalten.

Ein anderer Junge hat sich beim Holzhacken im Busch mit dem Beil den Fuß verletzt, wobei er zwei Zehen verloren hat.

Und noch ein dritter Junge wird gebracht, dessen Nase häufig blutet.»Huuu …«, sie mögen gar nicht hinsehen! Den armen Kerl müssen wohl viele böse Geister bezaubert haben, dass nun ein schlimmer Geist in seinem Körper haust, der das Blut aus seiner Nase treibt. So denken viele Einheimische.

Auch Schwester Mary und Jhula sind die ganzen Tage andauernd beschäftigt, sodass keine Zeit bleibt, um mit Bonisa zu sprechen.

Doch abends, bei der Abendandacht, spricht der Missionar im Flur des Krankenhauses so schlicht und einfach über die Bibel, dass auch die Kinder es verstehen und zuhören können. Dann sieht er, wie gespannt Bonisa zuhört.

Immer wieder kommt er auf den Guten Hirten zu sprechen, der auch die irrenden Schafe aus Afrika in seine große Herde sammeln will. Und solche Schafe können nie mehr verlorengehen!

Inkosi Jesu, der Große Hirte, spricht auch von den Kindern dieses Volkes, wenn er sagt:»Lasst die Kinder zu mir kommen und wehrt ihnen nicht!« (Lukas 18,16).

Tagsüber, wenn die Sonne scheint und die Vögel im Busch singen, macht die alte MaRunda oft lange Wanderungen durch die Wälder und über die Hügel, die im Süden des Lupanda-Flusses liegen.

MaRunda kennt genau die Stellen im Busch, wo das beste Schilfgras wächst, aus dem man hübsche Körbe flechten kann.

Bonisa darf oft mit ihr gehen, und MaRunda bringt ihr bei, wo es zu finden ist. Sie zeigt ihr auch, welche Baumwurzeln sie suchen muss, um aus deren Saft Farben gewinnen zu können. Ein kleiner Teil des Schilfs muss nämlich rot oder blau gefärbt werden, um Muster in die Körbe zu flechten.

Bei MaRunda lernt sie ebenso, aus den Bastfasern, die aus der Rinde einiger Bäume gewonnen werden, Taue zu drehen.

Ferner lernt sie, kunstvolle Schlafmatten zu knüpfen. MaRunda zeigt ihr auch, wie man Baumrinde bearbeiten muss, damit man Fasern für Umschlagtücher und Röcke gewinnt.

So gehen die Tage schnell vorüber. Und bei aller Arbeit und bei ihren Wanderungen durch den Busch erzählt MaRunda ihr von dem hellen Licht des Evangeliums, das durch den Glauben an Christus in ihre Seele und in ihr Leben gekommen ist.

Vor Bonisa leuchtet eine wunderschöne Welt auf, wenn MaRunda und der Umfundisi über den Inkosi Jesu sprechen. Aber in ihrem Herzen lebt immer noch die Angst davor, dass es in ihr niemals wirklich hell werden wird und sie nie ein Schaf in der Herde des Großen Hirten werden kann.

Der Umfundisi hat nun schon so oft von dem mächtigen König erzählt, der gesagt hat: »Lasst die Kinder zu mir kommen!«, und sie würde auch gern kommen.

Oh ja, sie hört gut zu. Aber wie kann sie zu einem König kommen, den sie nicht sehen kann, von dem nur in dem Buch des Missionars etwas zu lesen ist? Und als Schaf des Guten Hirten soll sie auch kein Amulett mehr tragen. Davor hat Bonisa Angst.

Nein, nein, niemals wird sie es wagen, das Amulett von ihrem Hals zu nehmen, durch das sie von den Geistern der Ahnen geschützt wird; denn dann können alle feindlichen Geister sie bezaubern. Nein, das darf auf keinen Fall geschehen!

Aber wenn man kein Schaf des Guten Hirten ist, wird man sich verirren und kommt in die dunkle Nacht, die nie aufhören wird. Das wird eine noch dunklere Nacht sein als diejenige, die sie allein im Busch verbracht hat, während sie die Schafe suchen musste.

So kommt es in ihrem Herzen zur Auseinandersetzung – zum Konflikt zwischen Licht und Finsternis.

Doch dann geschieht in Bonisa etwas Wunderbares. In ihrem ängstlichen Herzen bricht ein kleines Licht auf. Neues Leben erwacht in ihrem Geist. Immer deutlicher spürt sie, dass sie den liebt, der gesagt hat: »Lasst die Kinder zu mir kommen ...«

Ein wundersames Gefühl der Sehnsucht und Liebe zu Inkosi Jesu erfüllt ihre Seele. Sie möchte ihn jetzt bei sich haben und sein Schaf werden, um nie mehr im Leben von ihm fortzugehen.

Bonisa ist im Busch. MaRunda hat sie geschickt, um Schilfstängel abzuschneiden; denn die alte Frau hat sich den Fuß verletzt und kann nicht selbst gehen.

Unterhalb eines Hügels östlich der Missionsstation kniet das schwarze Mädchen zwischen den Kräutern nieder. Das hat ihr der Umfundisi so gesagt, und MaRunda hat es ihr so beigebracht.

Gott ist heilig, und wenn die Menschen zu ihm beten, ist es gut, wenn man sich vor dem allmächtigen Gott niederbeugt. Sie bitten ja diesen größten aller Könige um Hilfe und Bewahrung.

Ihr Gebet kommt von ganzem Herzen: »Inkosi Jesu, darf ich zu dir kommen? Ich möchte gern ein Schaf in deiner Herde sein und immer bei dir bleiben!«

Als Bonisa zur Missionsstation zurückkommt, bringt sie das Schilfgras der alten MaRunda. Dann sucht sie den Umfundisi, um ihm von ihrem Gebet zu erzählen.

Eben ist ein kranker Junge hereingebracht worden, den der Missionar behandeln soll. Darum geht sie auf die Veranda und setzt sich auf den Fußboden, um zu warten.

Die Großmutter des kranken Jungen hat ihn gebracht und sitzt auch auf dem Steinboden der Veranda.

Aus dem Behandlungszimmer ertönt das ängstliche Stöhnen des Jungen, weil er so schreckliche Schmerzen hat.

»Oooh ...!«, jammert er.

»Aaah ...«, flüstert die Oma einigen Frauen zu, die ebenfalls auf die Hilfe des Missionars warten. »In seinem Magen sitzt eine Schlange. Er ist bezaubert worden. Unser Medizinmann aus dem Tal konnte die Schlange nicht vertreiben, darum brachte ich ihn hierher. Aaah …, der weiße Mann muss starke Medizin haben, wenn er die böse Schlange aus seinem Leib jagen soll.«

Bonisa sieht die Großmutter an und sagt: »Der Umfundisi ist viel stärker als der Zauberdoktor; denn Inkosi Jesu hilft ihm.«

»Eeeeh …«, sagt die alte Frau. Sie spuckt verächtlich auf den Boden. »Du bist noch viel zu klein. Was verstehst du von der Macht unseres Medizinmanns?!«

»Inkosi Jesu ist der größte aller ›Medizinmeister‹. Er kann alles. Er hat sogar die blinden Augen von Senja aufgetan, die von dem Zauberdoktor kaputt gemacht waren.«

Die alte Frau rückt näher an das Mädchen heran. Sie schnaubt wie eine böse Katze und faucht sie an: »Eeeeh …, sprich nicht so über meinen Medizinmann, sonst lass ich dich bezaubern!«

»Wenn man ein Schaf von Inkosi Jesu ist, kann man nicht bezaubert werden und nie mehr verlorengehen«, antwortet Bonisa darauf in ihrem ersten kindlichen Glauben.

Die Großmutter dreht nun voller Verachtung dem Mädchen den Rücken zu und blickt in die Bäume. In der Ferne ertönt ein immer gleichförmiges Trommeln. Irgendwo wird Tamtam gemacht, um böse Geister von einem Kral fernzuhalten.

Bonisa wartet weiter; aber der Umfundisi kommt nicht. Er beschäftigt sich noch immer mit dem kranken Jungen, der weiterhin meint, dass eine Schlange in seinem Magen ist. Er stöhnt und ruft dauernd: »Sie beißt …! Oh, sie beißt mich!«

Es ist Abend geworden. Die Abendandacht für die Patienten im Krankenhausflur ist zu Ende.

Alle Frauen und Kinder suchen die Hütten auf, wo sie ihr Nachtquartier haben, und auch die Patienten, die laufen können, gehen in die große Schlafhütte.

Bonisa bleibt erst noch bei dem Mäuerchen der Veranda stehen, wo sie den Umfundisi schon einige Male abends gesprochen hat.

Sie möchte so sehr gern über das Neue sprechen, das jetzt in ihr Herz gekommen ist: die Liebe zu Inkosi Jesu. Andererseits ist es auch schwierig für sie; denn sie kann noch nicht begreifen, wie sie nun zu Inkosi Jesu kommen kann, um für immer bei ihm zu bleiben.

Der Missionar, der im Krankenhaus einen arbeitsreichen Tag hinter sich gebracht hat, ist sehr müde und sehnt sich danach, sich in seiner eigenen Wohnung ausruhen zu können. Er eilt durch die Veranda nach draußen. In seiner Eile hat er das Mädchen gänzlich übersehen, das an der Mauer steht und nach ihm Ausschau hält. Er läuft an ihr vorüber, dann aber fällt ihm ein, dass er einige wichtige Notizen im Laboratorium liegen gelassen hat, die er braucht, um einen Bericht schreiben zu können. Mit der gleichen Eile kehrt er wieder um. Da sieht er, dass Bonisa immer noch an der Verandamauer steht.

Klar, er wird ihr sagen, sie solle zu MaRunda in die Schlafhütte gehen. Aber dann sieht er ihr in die Augen und erkennt an ihrem Gesicht, dass sie ihm unbedingt noch etwas sagen will und sie auf ihn gewartet hat.

Er zögert. Gern möchte er in seine Wohnung, um dort weiterzuarbeiten; denn der umfangreiche Bericht muss noch angefertigt werden. Das wird wohl noch etliche Stunden seine ganze Aufmerksamkeit in Anspruch nehmen.

Muss er jetzt wieder seine kostbare Zeit dafür verwenden, mit dem Kind zu reden? Er hat es doch schon so oft getan. Er hofft ja immer, dass die Schwarzen irgendwie auf die Predigt reagieren. Die Menschen zeigen sich froh und dankbar für die gute Behandlung, die sie bekommen, wenn sie krank sind. Aus Höflichkeit hören sie auch zu, wenn er ihnen aus der Bibel erzählt. Aber eine wirkliche Veränderung ihrer Seelen, ein geistliches Verstehen der Botschaft des Evangeliums, ist nur selten zu erleben.

Das macht ihn manchmal ganz mutlos – besonders dann, wenn er viel Widerstand durch die Medizinmänner der Umgegend erfährt, welche die Menschen gegen die Mission aufhetzen und Misstrauen gegen die Bibel verbreiten.

Im allerletzten Abendlicht sieht er Bonisa vor sich stehen, und unwiderstehlich erfasst ihn der Gedanke: Armes Kind, ein verlorenes Schaf ohne Hirten ... das in der Finsternis des dunklen Afrikas umherirrt ...

Schon seit einigen Wochen, solange sie hier auf der Station ist, umgibt sie der Lichtglanz des Evangeliums. Doch wie soll es mit dem Kind weitergehen, wenn sie mit ihrem Herzen voll Unverstand in die Finsternis ihres Familienlebens zurückkommt? Wird sie dann ohne den Hirten in der ewigen Nacht untergehen?

Diese Gedanken bewegen sein Herz und veranlassen ihn, doch wieder mit ihr zu reden.

»Möchtest du lieber zu deiner Mutter und deiner Familie zurück, oder willst du hier auf der Missionsstation bleiben?«, fragt er. Wie strahlen ihre Augen, während sie sagt: »Ich will zu Inkosi Jesu. Kannst du mir sagen, wie ich zu ihm kommen kann?« Er vernimmt in der kindlichen Stimme das wirklich ernstliche Verlangen ihres Herzens.

Der weiße Mann ist von dieser unerwarteten Antwort tief ergriffen. Dann erfüllt ihn aber große Freude. Sollte das Herz dieses Kindes geöffnet sein, um den Herrn Jesus als König und Erlöser aufnehmen zu wollen?

Das Mädchen setzt sich auf die Mauer, um damit anzudeuten, dass sie noch weitersprechen will.

Der Missionar nimmt neben Bonisa Platz und bittet den Gott, der ihn nach Afrika geschickt hat, wieder still um Weisheit, was er dem Mädchen sagen soll.

»Bonisa, Inkosi Jesu ist der heilige und mächtige König. Er hat gesagt: Lasst die Kinder zu mir kommen …! Wenn du zu ihm kommen willst, dann fordert der Große König, dass du ihm etwas mitbringst. Willst du das?«

Sie erschrickt, als der Umfundisi das sagt. Dann blickt sie in tiefem Nachdenken in die Ferne, wo hinter dichten Wäldern und Winterbächen der Kral ihrer Familie liegt.

Der Missionar sieht in Bonisas Gesicht eine große Anspannung und tiefes Nachdenken, während sie in den dunklen Busch starrt.

Traurige Augen sehen ihn an, während sie antwortet: »Aaah …, ich kann nichts bringen. Meine Mutter hat nichts, und Schwarzkopf, mein Schaf, ist tot. Und weiter habe ich auch nichts.«

»Bonisa, Inkosi Jesu will keine Schafe oder andere Sachen haben. Danach fragen nur die Medizinmänner. Der Herr Jesus will etwas haben, das du sehr wohl hast. Er will dein Herz. Willst du ihm das geben?«

»Ja.«

In diesem Wort liegt das ganze Gewicht der völligen Übergabe an den Großen König, soweit Bonisa es versteht.

Die Dämmerung ist völlig der dunklen afrikanischen Nacht gewichen – einer Nacht, in welcher der Mond »tot« ist. Auf dem Gelände des Krankenhauses sind die Silhouetten der Bäume und Sträucher kaum noch zu erkennen, aber auch sie werden in der völligen Finsternis verschwinden.

Das veranlasst den Missionar, mit dem Mädchen darüber zu sprechen.

»Bonisa, wenn es in der Hütte deiner Mutter ganz dunkel ist und kein noch so kleiner Lichtstrahl oder die Glut des Holzfeuers zu sehen ist, kann man dann sehen, ob der Boden schmutzig ist?«

Bonisa lächelt verwirrt: »Aaah … nein!«

»Wenn der Häuptling zu euch zu Besuch kommen will, schafft dann deine Mutter vorher den Dreck aus der Hütte? Ja, natürlich. Deine Mutter kann nachts im Dunkeln nicht sehen, wo es schmutzig ist. Aber tagsüber, wenn die Sonne in die Hütte scheint, dann sieht sie den Schmutz und kann ihn wegbringen, bevor der Häuptling kommt. So ist es auch mit deinem Herzen, Bonisa, genauso wie mit der Hütte in eurem Kral. Du möchtest, dass der Inkosi Jesu in dein Herz kommt. Muss dann dein Herz nicht auch sauber sein, um den Geist dieses heiligen und mächtigen Königs zu empfangen? Ist da auch schon viel Schmutz und Böses aus deinem Herzen fortgeschafft worden?«

Das Mädchen blickt den Umfundisi nachdenklich an. Dann gleitet ein feines Lächeln scheinbarer Unschuld über das Gesicht des Kindes. Fröhlich blitzen ihre Augen, und sie sagt: »Nein, mein Herz ist jetzt schon rein und weiß; denn ich bin freundlich zu dir.«

Der Missionar erkennt mit einigem Erstaunen, dass selbst ein achtjähriges Kind von der bei vielen Afrikanern vorherrschenden Auffassung durchdrungen ist, die einmal der Zulukönig Mzilikasi seinem Volk beibrachte, indem er lehrte: »Wenn ich freundlich bin und ein froher Schein auf meinem Gesicht liegt, dann ist mein Herz rein, hell und unschuldig. Wenn ich aber böse und feindlich aussehe, dann ist mein Herz in solchen Augenblicken schmutzig, finster und schuldbeladen.«

Der Umfundisi hat es schon oft festgestellt: Wenn er mit den

Afrikanern über Sünde gegen Gottes Gebote und über Schuld sowie Unreinheit spricht, tritt ein sehr einnehmender freundlicher Glanz in ihre Augen, weil sie meinen, dadurch rein und unschuldig zu sein. Das Böse, das sie taten, erweckte in ihnen keineswegs ein Schuldgefühl dem heiligen Gott gegenüber.

»Bonisa, wenn du glaubst, dein Herz sei nicht schmutzig, dann kommt das daher, dass es noch dunkel in deinem Herzen ist. Dann kannst du das Verkehrte nicht sehen wie in der Hütte deiner Mutter, wenn es dort dunkel ist. Sie kann in der dunklen Nacht den Dreck auf dem Boden auch nicht erkennen; aber wenn es hell wird, dann sieht sie ihn und kann 'ihn beseitigen. Solange es in deinem Herzen dunkel ist, kannst du nicht erkennen, wie böse die Sünden sind; aber wenn Inkosi Jesu sein Licht in das Herz scheinen lässt, dann siehst du alles Verkehrte, was darin ist. Es wird nun Nacht, Bonisa. Du musst in die Schlafhütte gehen; aber wir wollen erst diesen König bitten, er möge sein Licht in dein Herz scheinen lassen, damit du sehen kannst, was sauber gemacht werden muss.«

Sie darf den Missionar in das kleine Sprechzimmer des Krankenhauses begleiten, wo sie vor einer einfachen Holzbank niederknien.

Ein weißer Missionar und ein schwarzes Kind beugen sich vor dem Herrn, und der Missionar betet, während das Mädchen zuhört.

Ihre Ohren und ihr Herz sind weit geöffnet. Jedes Wort dringt in ihre Seele ein. Der Umfundisi bittet mit einfachen Worten in der Sprache des Mädchens, das Licht des göttlichen Geistes möge in ihr Herz scheinen, damit sie ihre Sünden erkennt und Christus als ihren Erlöser annimmt.

Danach holt er seine Notizen aus dem Laboratorium und bringt Bonisa zu der Schlafhütte.

Die alte MaRunda steht in der Türöffnung und wartet auf sie.

»Du darfst doch nicht so spät kommen«, tadelt sie Bonisa.

Aber der Umfundisi legt freundlich seine Hand auf ihren Arm und sagt zu Bonisa: »Gute Nacht, Bonisa, bitte viel um Licht!«

»Gute Nacht, Umfundisi! Ich werde es nicht vergessen.«

Das Amulett

Eine tropische Durchfallepidemie quält das Lupanda-Reservat. Verschlimmert wird die Plage durch viele Fälle von Keuchhusten und Masern.

Die Krankheitserreger werden durch heiße sturmartige Böen von einem Dorf zum anderen getrieben. Der scharfe Wind wirbelt Staubwolken auf, die einige Hundert Meter weiter auf einen Nachbar-Kral niederrieseln. Außerdem bringt der Wind ganze Schwärme von Moskitos und bunten Aasfliegen mit sich, die ebenfalls die Infektionen verbreiten.

Viele Schwarze suchen auf der Missionsstation von Lupanda Zuflucht. Manche Frauen und Kinder sind von einer Wolke von Fliegen umgeben, wenn sie im Missionskrankenhaus ankommen. Diese Fliegen quälen die Kinder mit entzündeten Augen besonders.

Das Gelände vor dem Lupanda-Krankenhaus ist zu einem Flüchtlingslager geworden.

Viele Frauen sitzen da mit ihren fieberkranken Kindern und warten auf Hilfe.

Die Krankenzimmer sind bis auf den letzten Meter vollgestopft. Die Kranken liegen zwischen und unter den Betten.

Der Umfundisi und Schwester Mary, Jhula, Amos und die anderen einheimischen Pfleger können all die Arbeit gar nicht schaffen.

Durch das Gedränge ist die Ansteckungsgefahr groß. Darum ordnet Schwester Mary an, dass die Durchfallpatienten in besonderen Schlafhütten untergebracht werden müssen.

Auch sollen die Menschen dafür sorgen, dass sich die bunten Aasfliegen nicht auf ihre Nahrungsmittel und auf offene Wunden setzen, weil auch dadurch die Krankheit verbreitet wird.

Die Patienten schauen sich erstaunt an. Sie fangen an zu lachen. Die Frauen flüstern sich gegenseitig zu:»Oh, diese dummen weißen Leute ..., die meinen wirklich, die Fliegen könnten uns krank machen! Aaah ..., die Weißen begreifen nicht, dass alle Krankheiten von feindlichen Geistern kommen. Die Zauberkräfte der bösen Geister verbreiten die Krankheiten! – Aber das muss man zugeben, die Arzneien von dem weißen Mann, die sind gut, sehr gut sogar, und viel besser als diejenige der eigenen Medizinmänner.«

Darum sind sie auch mit ihren kranken Kindern zur Missionsstation gekommen.

Der Andrang der Kranken wird so groß, dass auf der ganzen Missionsstation nirgends eine Unterkunft mehr zu finden ist. Viele Mütter müssen die Nächte im Busch, in der Nähe des Krankenhauses, verbringen. Da liegen sie auf ihren Schlafmatten nahe beim Feuer, die Antilopen- oder Kuhhäute fest um sich gewickelt.

Die Männer und Jungen haben einen weiten Kreis von Dornenhecken gebaut. Damit sollen die Menschen beschützt werden, die draußen schlafen müssen.

Manchmal sind das Gejaule der Schakale und das widerwärtige Gelächter der Hyänen ganz in der Nähe zu hören. Aber einige Männer, die mit schweren Knüppeln bewaffnet sind, halten bei den Feuern Wache.

Außerdem kommen die wilden Tiere nicht nahe heran, wenn sie das Feuer sehen, und auch die Dornenhecke können sie wohl kaum überwinden.

Aber wegen dieses Andrangs gehen nach einigen Tagen im Krankenhaus die Arzneien zu Ende. Das ist eine große Prüfung für den Missionar, der nahe daran ist, zu verzweifeln.

Mutlos sagt er eines Abends zu seiner Frau:»Oh Mary, jetzt können wir keine Spritzen mehr geben, und die anderen Arzneien sind auch fast aufgebraucht, besonders die Augensalbe für die Kinder. Was sollen wir den Menschen sagen, wenn wir sie – so krank, wie sie sind – unbehandelt und ohne Arznei zu ihren Hütten zurückschicken müssen? Als ich ihre Krale besuchte, habe ich sie gebeten, mit ihren Kranken zur Mission zu kommen. Und jetzt, wo sie kommen, können wir ihnen nicht helfen.«

In schwierigen Situationen und bei Sorgen sowie Prüfungen lebt in Schwester Marys Herz trotzdem das helle Licht jenes Glaubens, dass Gott alles in der Hand hat.

Sie spricht ihrem Mann Mut zu und sagt, dass Gott mit allen Schwierigkeiten seine weisen Absichten verfolgt. Vielleicht will der Herr gerade jetzt den Leuten zeigen, wie groß seine Allmacht ist.

An diesem Abend bringt der Missionar bei der Krankenhausandacht seine Sorgen im Gebet vor den Herrn. Er bittet um Hilfe für die anwesenden Kranken, aber er berichtet auch von der Not, dass die Arzneien zu Ende gehen. So fleht er Nkulu-Nkulu um schnelle Hilfe an, damit die Eingeborenen sehen und glauben können, dass Gott allein der Retter aus aller Not ist. In der großen Schlafhütte kann die alte MaRunda keine Ruhe finden. Auch sie ist erfüllt mit der Sorge um alle Kranken, für die es keine Arzneien mehr gibt. Die alte Afrikanerin kniet auf ihrer Schlafmatte und bittet Gott um Hilfe.

Bonisa, deren Schlafmatte neben derjenigen von MaRunda liegt, lauscht voller Ehrfurcht auf die Worte der alten Christin und betet leise mit.

Kaum dämmert es ein wenig, da ist MaRunda schon wieder auf den Beinen. Sie verlässt die Schlafhütte und läuft zum Haus des Missionars.

Er steht am Fenster und blickt hinaus, wo das frühe Morgenlicht die Dunkelheit der Nacht zu vertreiben sucht. Wieder faltet er die Hände zum Gebet. In seinem Herzen sind schwere Sorgen.

Ein neuer Tag zieht herauf, und es gibt keine Arzneien mehr für die vielen, vielen Kranken.

Ein leises Husten lässt ihn aufblicken. Da steht eine dunkle Gestalt – sicher ein Patient, der Hilfe braucht.

Er läuft hinaus und sieht die alte MaRunda stehen. Etwas besorgt fragt er sie, ob sie krank sei. Sie zeigt mit ihrer zittrigen Hand nach oben, zum Himmel.

»Umfundisi«, sagt sie, »da wohnt Nkulu-Nkulu, der Herr, unser Gott, der alles sieht und hört. Er hat gesagt: Rufe mich an am Tag der Bedrängnis: Ich will dich erretten (Psalm 50,15). Nkulu-Nkulu wird auch uns retten, und alle Afrikaner ringsumher werden wissen, dass die Hand des Herrn es getan hat.«

Die zitternde Hand sinkt wieder herab. Über das schwarze Gesicht laufen Tränen, während sie sagt: »Es gibt nur einen Gott, das ist der Herr. Er wird uns helfen.«

Ohne noch ein Wort zu sagen, stolpert sie wieder fort, müde und mit gesenktem Kopf.

Ihre Worte bringen eine stille Freude in das Herz des Missionars. Lange blickt er ihr nach, bis sie über den Fußpfad verschwindet, der in den Busch führt. Sie geht nicht den Weg zum Krankenhaus.

Weiter ostwärts, zwischen den Lupanda-Hügeln, da hat die alte MaRunda ihr eigenes Bethaus. Das ist ein geheiligtes Stückchen Erde, wo dieses afrikanische »Königskind« in der Stille des Waldes, unter den rauschenden Kronen der Tschabéla-Bäume oft ihre Knie beugt. Dort betet sie ihren Gott an und trägt ihm ihre Bitten vor.

Die frühere »Schwarze Tänzerin« hat den Herrn Jesus von ganzem Herzen als ihren König angenommen. Ihre Sünden wurden durch sein heiliges Blut abgewaschen, und nun ist ihr Herz mit seiner Liebe erfüllt.

Dieses stille Fleckchen Erde, dort im Busch, wo sie oft für die Bekehrung ihres Volkes betet, ist auch der Ort, an dem sie für Bonisa bittet, Gott möge sie aus der Macht des Geisterglaubens erlösen.

An diesem frühen Morgen geht sie wieder dorthin. Diesmal will sie Gott vor allem um Arzneien für die vielen Kranken bitten. Und sie glaubt, dass Nkulu-Nkulu, der allmächtige Gott, sie erhören wird.

Eine Stunde später wird der Missionar gerufen, er solle schnell ins Krankenhaus kommen.

Man hat einen Mann dorthin gebracht. Er war betrunken und ist daher während der Nacht ins Holzfeuer seiner Hütte gefallen. Jetzt sind große Teile seiner Haut verbrannt. Als seine Familie auf sein Geschrei hin zu ihm kam, wiesen der Rücken und eine Schulter des Mannes tiefe Brandwunden auf. Daraufhin hat man ihn von weit her auf einem Ochsenschlitten zur Missionsstation gebracht.

Der Mann sieht schrecklich aus. Seine Haut ist an vielen Stellen verbrannt. Rote Brandwunden zeichnen sich deutlich zwischen den schwarzen Hautfetzen ab.

Ein Sohn des Mannes sagt: »Umfundisi, du hast in unserem Kral von dem allmächtigen Gott gesprochen. Darum bringen wir unseren kranken Vater nicht zu unserem Medizinmann, sondern zu dir. Willst du den allmächtigen Gott bitten, dass er unseren Vater gesund macht?«

Während der Missionar bei dem Verwundeten niederkniet, sagt Jhula zu ihm: »Oh, Umfundisi, wir haben keine Salbe und keine Verbände mehr.«

»Amos soll den Patienten ins Behandlungszimmer bringen«, antwortet er ihr.

Währenddessen geht er in sein Sprechzimmer. Er setzt sich an den Tisch, den Kopf in die Hände gestützt, betet er:

»Herr, du weißt alles ... Was sollen wir jetzt machen ... ohne Arzneien ...? Herr, es geht um die Ehre deines heiligen Namens. Lass doch diese unwissenden Afrikaner nicht sagen können, dass wir einem Gott dienen, der keine Kraft hat, die Kranken zu heilen. Herr, hilf uns doch, sodass die Afrikaner erkennen, dass du allein der wahre Gott bist ... Herr, es geht um die Ehre deines Namens!«

Draußen entsteht aufs Neue Lärm vor dem Krankenhaus.

Vier Ochsen ziehen einen schweren Schlitten auf das Gelände der Missionsstation. Der schwarze Treiber lenkt das Gefährt mit lautem Geschrei bis vor das Krankenhaus.

Der Missionar blickt aus dem Fenster auf das Treiben vor der Veranda. Wieder ein Ochsenschlitten! Wieder ein Kranker? Und die Arzneien sind restlos alle!

Er seufzt.

Einige Schwarze ziehen eine schwere Kiste vom Schlitten. Sie wird unter lautem Rufen auf die Veranda gesetzt.

Eine zweite Kiste folgt ... und noch eine ... und noch eine.

»Umfundisi!«, ruft Jhula. »Umfundisi ..., Geschenke aus Holland!«

Er geht hinaus. Eigentlich ist er viel zu müde dazu. Er kann sich kaum auf den Beinen halten.

Die große Anspannung und die Tatsache, dass er in der letzten Zeit zu wenig geschlafen hat, haben an seinen Kräften gezehrt. Aber nun stehen vier Kisten da, jede mit Eisenbändern zusammengehalten.

Geschenksendung aus HOLLAND für das LUPANDA-MISSIONS-KRANKENHAUS steht darauf geschrieben.

Roger, der Gartenjunge, und Tschésbo, der afrikanische Ochsentreiber, dürfen die Kisten öffnen. Mit Kneifzangen und Hämmern gehen sie vorsichtig ans Werk; das Holz darf nicht beschädigt werden, denn die Kisten kann man noch als Vorratsschränke verwenden.

Der Missionar lehnt sich an einen Pfeiler der Veranda. Ihm wird schwindlig, und er hat starke Kopfschmerzen. Seine Frau, Schwester Mary, beginnt die Kisten auszupacken.

Als der Inhalt der Kisten sichtbar wird, blickt sie ihren Mann an. Tränen stehen in ihren Augen, und Jhula, die neben ihr steht, flüstert ihr zu:»Der allmächtige Gott hat unsere Gebete erhört.«

Vier Kisten voller Arzneien und Verbandsmittel sowie Schachteln voller Injektionsampullen stehen vor ihnen – alles, was sie so nötig brauchen!

Schwester Mary öffnet einen weißen Pappkarton, und einige Tuben Brandsalbe gleiten in ihre Hand.

Sie gibt sie ihrem Mann – sie kann gar nichts sagen, so ergriffen ist ihr Herz. Der Missionar nimmt die Tuben mit der Salbe und einige Ampullen für Spritzen mit in das Behandlungszimmer.

Einen Augenblick nur schließt er die Hände zum Gebet, und aus seinem Herzen steigen heiße Dankesworte zum Himmel auf: »Danke, Herr, danke!«

Jetzt muss er sofort dem Mann mit den Brandwunden helfen. Jhula folgt ihm, um den Mann zu verbinden.

Bei den gehfähigen Patienten findet sich viel Interesse für die Kisten und ihren Inhalt. Neugierig bestaunen sie alles: »Seht euch das an: Alles Zaubermedizinen des weißen Mannes. In den Kisten ist große Zauberkraft ... mehr als bei unseren eigenen Medizinmännern.«

Die Gruppe der neugierigen Patienten wird immer größer, da kommt MaRunda angelaufen.

Sie blickt auf die geöffneten Kisten; aber ihre alten Augen können nicht alles erkennen, was da zu sehen ist.

Schwester Mary hat von ihrem Mann gehört, dass MaRunda schon am frühen Morgen zur Wohnung des Missionars gekommen ist und ihm von ihrem Glauben erzählt hat, dass Nkulu-Nkulu Hilfe senden werde. Darum geht sie jetzt auf die alte Frau zu. Sie zeigt ihr die Arzneien und die Rollen Verbandsgaze aus einer der Kisten.

MaRunda steht eine Weile unbeweglich da. Sie schließt die Augen, und ihre Lippen bewegen sich in stillem Gebet. Dann blickt sie um sich her und erzählt den Afrikanern auf der Veranda, dass der Gott der Bibel der Nkulu-Nkulu ist, der seinen Diener, den Umfundisi, in dieses Land geschickt hat, um den Kranken zu helfen. Er hat auch das Gebet wegen der Arzneien gehört und darum diese Kisten herbringen lassen.

Dann sagt MaRunda: »Wir haben ihn um seine Hilfe gebeten; nun wollen wir ihm danken.«

Die schwarzen faltigen Hände der alten Afrikanerin ruhen auf dem Rand einer der Holzkisten. Mit deutlicher Stimme und mit einfachen, aufrichtigen Worten dankt sie dem Herrn in ihrer Sprache, die alle verstehen. Nachdem sie ihr Dankgebet an Nkulu-Nkulu beendet hat, bezeugt sie ihren Glauben an den Sohn Gottes und die Tatsache, dass sie Licht und Frieden in ihrer Seele hat.

Daraufhin bittet sie die Leute, doch auch Gottes Wort zu vertrauen, und nicht mehr auf die bewahrende Kraft der Ahnen zu hoffen, die in ihren Amuletten stecken soll.

MaRundas Stimme klingt ernst und warnend, als sie sagt: »Wählt nun, wem ihr dienen wollt. Ist Nkulu-Nkulu der wahre Gott, dann dient ihm und tragt von nun an keine Amulette mehr! Ihr könnt nicht den Inkosi Jesu lieb haben und trotzdem die Amulette zur Bewahrung durch die Geister behalten.«

Auf der Veranda herrscht tiefe Stille.

Die Leute haben MaRunda zugehört, wie sie über den mächtigen Gott gesprochen hat, der die Arzneien schickte, um sie zu heilen.

Aber nun, wo sie sagt, sie müssten zwischen dem König aus dem Buch des Umfundisi und ihren Amuletten wählen, nein, da wenden sie sich ab und gehen innerlich auf Distanz.

Niemals, niemals werden sie ihre Amulette wegwerfen, nein …, dann werden die Geister ihrer Ahnen sie nicht mehr beschützen.

Die meisten Frauen gehen wieder zu ihren Feuern, um den Maisbrei zu kochen und für ihre Kinder zu sorgen.

Nur Bonisa steht noch gegen die Verandamauer gelehnt und presst die Hände fest aneinander. Sie blickt die alte MaRunda an. Oh ja, sie hat es gut gehört, immer noch klingt es in ihren Ohren: »Ihr könnt nicht den Inkosi Jesu lieb haben und trotzdem die Amulette zur Beschirmung durch die Geister behalten. Wählt nun, wem ihr dienen wollt! Ist Nkulu-Nkulu der wahre Gott, dient ihm, aber tragt dann keine Amulette mehr!«

Schwester Mary lässt die Kisten von der Veranda in die Verbandskammer bringen, um sie dort auszupacken.

Und MaRunda setzt sich in den Schatten eines Mupani-Baumes, um weiter an ihren Körben zu flechten.

Bonisa geht allein in den tiefen Wald hinein. In ihrem Herzen findet ein großer Kampf statt. Sie mag auch nicht mehr mit Senja durch den Busch stromern, wie sie es in der vergangenen Zeit oft getan hat. Sie muss allein sein. Weit läuft sie in Richtung auf das Lupanda-Tal zu, wo das Gras besonders hoch wächst. Zwischen den Hügeln und versteckt in dem hohen gelben Schilfgras fängt sie an, den Inkosi Jesu zu bitten.

Das hat sie schon oft getan. Sie hat um das Licht gebeten, wie der Umfundisi es ihr beigebracht hat. Das Licht ist tatsächlich in ihr Herz gekommen; aber gerade das hat ihr Angst gemacht. Sie hat dadurch ihr eigenes Herz gesehen, und das war nicht rein.

Darin sind so viele Sünden gegen die heiligen Gebote Gottes. Sie hat versucht, es rein zu machen, indem sie die Gebote hielt, die MaRunda ihr beigebracht hat. Aber das hat nicht funktioniert. Sie kann nicht immer gehorsam sein.

So hat der Umfundisi zum Beispiel aus dem heiligen Buch vorgelesen, dass man seine Feinde lieben soll. Aber das kann sie nicht.

Sie braucht nur an Nkube, ihren Nachbarn, zu denken. Das ist ihr Feind. Er hat ihre Schafe aufgescheucht, und nun sind drei von ihnen tot. Sie hasst ihn und kann ihn nicht lieben.

Weil das aber so ist, wird der Inkosi Jesu niemals in ihr Herz kommen. Es ist viel zu schmutzig für ihn, und doch hat sie ihn von Herzen lieb und möchte ganz nahe bei ihm sein. Mit aller Kraft ihrer kindlichen Seele verlangt sie danach.

Wenn Inkosi Jesu sie nicht als Schaf haben will, weil sie so voller Sünden ist und sie auch kein Amulett mehr trägt, dann ist niemand mehr da, der sie beschützen will. Darum wagt sie nicht, das Amulett abzulegen.

So tobt in ihrer Seele ein heftiger Kampf zwischen Licht und Finsternis.

Aber der Große Hirte, der seine Schafe von überall her und aus allen Ländern versammelt, vertreibt durch seine Kraft alle Finsternis der Sünde und des Unglaubens aus Bonisas Herz.

Die Sonne, deren Scheinen
die tiefste Nacht vertreibt,
ist Christus, der den Seinen
stets Licht und Leben bleibt.

Es ist Abend. Nach einem anstrengenden Tag steht der Missionar auf dem Buschgelände hinter dem Krankenhaus, um die Abendandacht mit den Patienten zu halten. Er fühlt sich völlig erschöpft, und doch gibt es Grund genug, Gott von Herzen dankbar zu sein, der an diesem Tag durch die Arzneikisten so wunderbar geholfen hat.

Alle Leute auf der Missionsstation sollen zuhören. Der Flur des Krankenhauses ist viel zu klein. Darum sind sie alle an den Waldrand gezogen und sitzen bei den brennenden Holzfeuern.

Die Fenster der Krankenzimmer stehen weit offen, damit die Patienten in den Betten auch zuhören können. Senja sitzt ebenfalls draußen. Seine Augen sind vollständig genesen. Neben ihm sitzt Bonisa, neben der MaRunda Platz genommen hat.

Der Umfundisi spricht über Jesus Christus, den Sohn Gottes, der auf Golgatha gekreuzigt wurde. Er wurde wie ein Lamm getötet. Dadurch hat er es erwirkt, dass Sünder seine Schafe werden können. Sonst hätten sie für ewig in der Finsternis verlorengehen müssen.

Er wurde begraben, ist aber wiederauferstanden. Nun lebt er auf ewig. Er ist jetzt der Große Hirte, der allen sagt:»Meine Schafe hören meine Stimme ... und sie folgen mir« (Johannes 10,27).

Es klingt sehr ernst, als der Missionar die Menschen fragt:»Seid ihr schon Schafe des Großen Hirten, des Inkosi Jesu? Wenn ihr noch nicht zu der Herde dieses Hirten gehört, werdet ihr euch verlaufen und in einer Nacht verlorengehen, in der es nie, nie hell wird. Der Große Hirte ruft euch, zu ihm zu kommen. Verlangen eure Herzen nach Jesus Christus? Aber vielleicht fürchtet ihr euch, zu ihm zu kommen, weil eure Herzen so voller Schmutz sind, sodass er euch nicht annehmen mag?«

In der Dämmerung der nahen Nacht ist alles totenstill. Schweigend sitzen die Menschen um ihre kleinen Feuer.

Der Missionar sieht die vielen dunklen Gestalten vor sich auf dem Boden sitzen; er kann in der Dämmerung kaum noch unterscheiden, wer sie sind. Aber einerlei, alle müssen das Evangelium hören, dann wird der Herr selbst die einzelnen Herzen aufschließen, sodass die Botschaft des Evangeliums durch die Kraft des Heiligen Geistes hineindringt. So wiederholt er die Frage, ob sie sich fürchten, dass Christus sie nicht als seine Schafe annehmen wird, weil ihre Herzen so schmutzig und voller Sünden sind.

Bonisas Ohren und ihr Herz stehen offen. Die Worte des Umfundisi dringen in ihre Seele, als er fortfährt:

»Ja …, darum ist Christus am Kreuz gestorben. Sein Blut ist auf den Hügel Golgatha geflossen, damit arme, irrende Menschen mit einem sündigen Herzen durch den Glauben an ihn reingewaschen werden können. Sein Blut kann neues Leben geben, in dem wir ihm dienen können. Wenn eure Herzen mit ihm verbunden sind und ihr ihm wie ein Schaf dem Hirten folgt, dann lasst alles los, was euch mit der Verehrung der Amadhlozi verbindet.«

Jetzt beginnen die Leute, unruhig zu werden: Aaah …, der Umfundisi darf wohl von Inkosi Jesu erzählen. Das hört sich gut an, und wir wollen gern zuhören. Aber er soll uns nicht erzählen, dass wir die Geister der Ahnen nicht mehr verehren dürfen. Nein, darauf wollen wir nicht hören.

Der Missionar liest noch einen Psalmvers vor, der ein Lobgesang für den empfangenen Segen durch die Arzneikisten ist.

Dann erschallt der mächtige zweistimmige Gesang der vielen Afrikaner durch die großen Bäume rings um sie her. Die Töne werden vom Nachtwind in die Ferne getragen, bis sie weit draußen in der Stille der Nacht verklingen.

Der Missionar blickt auf die vielen dunklen Gestalten, die vor ihm auf dem Waldboden sitzen.

Er hört den prächtigen Gesang, er sieht hier und da dunkle Gesichter im Licht der roten Flammen glänzen.

Haben all diese Schwarzen nur ihre Münder geöffnet, um mit ihrem prächtigen Psalmgesang Gott zu preisen, während ihre Herzen fast alle noch für Christus verschlossen sind? Er weiß es nicht.

Eine tiefe Wehmut durchzieht seine Seele wegen der vielen, vielen Afrikaner, die im »dunklen Afrika« ohne einen Hirten wie verlorene Schafe umherirren.

Der Missionar weiß noch nicht, dass auf dem Waldboden zwischen der großen Schar von Afrikanern ein kleines Mädchen sitzt, das vor Freude über die gute Botschaft weinen muss, die es eben gehört hat.

Bonisa sitzt da mit gesenktem Kopf und gefalteten Händen und hört tief in sich immer wieder die Worte des Umfundisi, die er schon so oft gesagt hat, die sie aber erst heute richtig verstand: »Sein Blut kann eure Herzen ganz reinwaschen. Sein Blut kann euch neues Leben geben, in dem ihr ihm dienen könnt. Wenn euer Herz durch den Glauben mit Inkosi Jesu verbunden ist wie ein Schaf, das seinem Hirten folgt, dann lasst alles los, was euch mit dem Götzendienst und mit den Amadhlozi verbindet.«

Plötzlich verspürt Bonisa in ihrem Herzen die Kraft, die von dem Blut des Sohnes Gottes ausgeht, das er auf Golgatha vergossen hat – ihr Herz ist mit großer Liebe zu Inkosi Jesu erfüllt.

Diese Kraft gibt ihr neues Leben. Die Liebe des Großen Hirten zu ihr verbindet sie mit ihm, damit sie ihn immer lieben und ihm stets folgen kann, wie ein Schaf dem Hirten folgt.

Die Wahl in ihrem Herzen ist getroffen. Der Herr selbst lässt sie seine Liebe spüren, und nun kann sie das Amulett nicht mehr tragen.

Das Amulett mit der Kraft der Geister, die sie beschützen sollen, hängt nun wie ein schweres Gewicht an ihrem Hals. Sie kann es nicht länger tragen.

Durch den Glauben wird ihre Seele mit Inkosi Jesu verbunden. Sie will nur noch von ihm beschützt werden.

Die Frauen sind aufgestanden und gehen mit ihren Kindern in die Schlafhütten.

Bonisa bleibt noch neben der alten MaRunda sitzen.

Es ist ganz still im Busch, nur die Holzfeuer knistern noch ab und zu.

In der roten Glut der sterbenden Feuerchen kann man die alte afrikanische Frau und das Kind nur noch schwach erkennen.

Nun will Bonisa MaRunda alles erzählen, was an diesem Abend

in ihrem Herzen geschehen ist. Sie kann es nur in einfachen Worten ausdrücken. Die Liebe zu ihrem Amulett ist heute Abend gestorben, und ein neues Leben, die Liebe zu Inkosi Jesu, erfüllt sie ganz und gar.

MaRundas zitternde Hände lösen das Amulett von Bonisas Hals. Matt klappern die Perlen gegeneinander, als sie in MaRundas faltige Hand gleiten. Die alte Frau erhebt sich, und Bonisa folgt ihr schweigend.

Einen Augenblick noch liegen die weißen und roten Perlen auf der geöffneten Hand, dann beugt sich die alte Christin vor und lässt die Kette ins Feuer fallen.

Bonisa blickt ihr nach. Sie sieht, wie die rote Glut des erlöschenden Feuers erneut kleine Flammen aufschießen lässt. Die roten Flammenzungen umtasten erst noch ein wenig die Holzkugeln, dann verzehrt die Glut das ganze Amulett.

In wenigen Augenblicken ist es verkohlt und zu schwarzer Asche verbrannt.

Wieder daheim im Kral

Schon zweimal hat der volle Mond über dem Lupanda-Tal geschienen, seit Bonisa zur Missionsstation gekommen ist.

Als der Mond zum dritten Mal lebendig wird, erscheint MaWanda im Krankenhaus.

Jhula sieht die Frau im Schatten der Mupani-Bäume stehen. Sie erkennt, dass es Bonisas Mutter ist.

Obwohl Jhula sie einlädt, ins Krankenhaus zu kommen, will sie nicht in das weiße Haus gehen. Sie möchte ihre Kinder holen. So schnell wie möglich will sie in Vundlas Kral zurückkehren.

Jetzt kommt Amos. Scheu und zweifelnd folgt sie dem schwarzen Pfleger zu der Veranda.

Der Missionar und Schwester Mary eilen ebenfalls herbei, um sie zu begrüßen und laden sie ein, hineinzukommen; aber die Frau weigert sich und schweigt.

Der Missionar schaut sich die abgezehrte Frau besorgt an. Sie sieht sehr schwach und müde aus.

Dann erzählen sie ihr, dass Bonisa und ihr Brüderchen jetzt gesund und munter sind. Sie bitten sie wieder, doch wenigstens einen Tag auf der Missionsstation zu bleiben. Aber MaWanda weigert sich standhaft.

Sie bittet um ihre Kinder und will so schnell wie möglich zum eigenen Kral zurück.

Während Schwester Mary die Kinder sucht, fragt Jhula, ob Vundla böse war, als er hörte, dass sie die Kinder zur Missionsstation gebracht hat.

Es dauert lange, bis MaWanda scheu und ängstlich antwortet. Langsam und kaum hörbar berichtet sie dann Jhula, wie es ihr damals ergangen ist.

Bei der Rückkehr, als sie am Ufer des Lupanda das Auto des weißen Mannes verlassen hat, ist sie nach Limpo-Lupanda zum Kral des Häuptlings gegangen. Dort traf sie Tukula, den Sohn des Häuptlings, der ihr geraten hatte, die Kinder zur Missionsstation zu bringen. Unter Tukulas Schutz war sie damals zum Kral ihres Mannes zurückgekehrt.

Tukula hat Vundla gesagt, MaWanda habe die Kinder auf seinen Befehl hin zum Haus des weißen Mannes gebracht, weit im Süden des Lupanda-Flusses.

Er hat Vundla gesagt, er dürfe seine Frau nicht strafen oder bedrohen. Falls wieder Sorgen und Missgeschicke in seiner Familie aufträten, sollte er in Tukulas Kral kommen, um dort Rat und Hilfe zu erhalten.

Als der Missionar und Schwester Mary ins Krankenhaus gegangen sind, um Bonisa und ihren Bruder zu holen, fragt MaWanda Jhula schüchtern:»Sind die Kinder von den weißen Leuten bezaubert worden?«

Während Jhula scharf nachdenkt, wie sie MaWanda beibringen kann, was sich an Bonisa verändert hat, sieht sie gerade die alte MaRunda ankommen.

»Aaah ...«, antwortet sie,»MaRunda wird dir über die Kinder berichten.«

Im Schatten der Mupani-Bäume, die vor dem Krankenhaus stehen, setzen sich die beiden Afrikanerinnen auf die Erde.

Die alte MaRunda erzählt, und MaWanda hört zu.

Der Friede und die Freude, die aus MaRundas Worten sprechen, dringen nicht bis zu MaWandas Herzen vor. Nein, sie machen ihr Angst; schreckliche Angst; denn all ihr Denken wird von dieser einen Sache beherrscht: Bonisas Amulett ist verbrannt!

Bonisa bittet also die Amadhlozi nicht mehr um Bewahrung, nein, Bonisa betet zu Inkosi Jesu, dem König des weißen Mannes. ... Sie stöhnt leise und zittert am ganzen Leib.

Nun hat Vundla, ihr Mann, doch einen Grund, böse zu sein. Oooh ..., wenn ihre Kinder das Amulett nicht mehr tragen und verehren, dann werden die Geister sie nicht mehr beschirmen. Jetzt wird noch mehr Unheil über den Kral kommen.

Auf der Veranda des Krankenhauses erscheinen nun der Missionar und Schwester Mary mit Bonisa und dem vergnügten, gesunden Brüderchen.

MaWandas Mutterherz fängt beim Anblick ihres Jungen heftig an zu klopfen. Sie läuft auf die Veranda, gefolgt von der alten

MaRunda. Sie will ihr Kind aufheben und mit ihm reden; aber der kleine Kerl wendet den Kopf von ihr ab und klammert sich an Bonisa.

Er kennt seine Mutter nicht mehr, weil die Kinder seit drei Monaten auf der Missionsstation sind. Das ist eine große Enttäuschung für MaWanda. Du liebe Zeit, ist jetzt auch ihr jüngstes Kind schon gegen sie eingestellt?

Aber dann werden ihre Blicke von Bonisa angezogen. Wie hübsch sie aussieht! Schwester Mary hat ihr ein Kleid aus gelbem Stoff gegeben, das weiße Streifen am Hals und an den kurzen Ärmeln hat.

Ein herzlicher Blick strahlt aus ihren dunklen Augen, und ein freundliches Lächeln gleitet über ihr schwarzes Gesicht, während sie MaWanda anblickt.

»Salabonani«, sagt MaWanda. (»Ich sehe dich.«)

»Yeeeebo«, antwortet Bonisa. (»Ich sehe dich auch.«)

»Kunjami?«, fragt sie weiter. (»Wie geht es dir?«)

»Sikona.« (»Sehr gut.«)

Nach dieser üblichen afrikanischen Begrüßung will die Frau sofort mit ihren Kindern verschwinden.

Der Missionar versucht, MaWanda zu bewegen, doch noch ein bisschen ins Krankenhaus zu kommen, denn Bonisa muss sich noch von ihren vielen großen und kleinen Freunden auf der Missionsstation verabschieden. Doch die Frau fürchtet sich. Sie will draußen warten.

Bonisa muss Jhula, Amos, Senja und MaRunda versprechen, dass sie wieder zurückkommen und die Missionsstation nicht vergessen wird.

Im Schatten des Tschabéla-Baumes vor der Veranda stehen sie zum letzten Mal noch einen Augenblick beisammen, um Abschied zu nehmen.

Der Missionar und seine Frau haben dort noch nie einen Besucher mit so viel Wehmut verabschiedet.

Der Missionar sieht Bonisa vor sich stehen. In ihren dunklen Augen liegt ein stiller Friede. Darin spiegelt sich die innere Ruhe und Freude ihrer Seele.

Dieses Kind aus dem dunklen Afrika, das als ein verlorenes,

umherirrendes Schaf auf die Missionsstation von Lupanda kam, hat durch Gottes Gnade und die Bemühungen der Missionare den Großen Hirten gefunden, der seine Schafe niemals umkommen lassen wird.

Genau hinter Bonisas Schulter sieht der Missionar vor dem Hintergrund des Waldes ein weißes Schaf aus der Herde der Missionsstation stehen. Es blökt leise. Es hat die Herde verloren, die im Busch grast. Deshalb hat es in der ihm vertrauten Umgebung Zuflucht und Schutz gesucht – ganz in der Nähe des Krankenhauses.

Dieses Bild von dem dunklen Mädchen, das vor ihm steht, und dem Schaf dahinter, berührt ihn stark.

Nun muss dieses Kind, getrennt von seinen Missionsfreunden, ganz allein in den finsteren Norden ziehen – dorthin, wo noch nirgends eine Herde des Guten Hirten versammelt wurde.

Wird sie in ihrer Familie ihren christlichen Glauben auf kindliche Weise bekennen können? Wird sie ihrem Bekenntnis treu bleiben, von dem sie doch erst einige Wochen etwas gehört hat?

Ob wohl der Herr dieses Kind als eine kleine Missionarin gebrauchen will, um die frohe Botschaft des Evangeliums in das Land nördlich des Lupanda-Flusses zu bringen?

Im Herzen des Missionars sind so viele Fragen, auf die er allesamt keine Antwort hat.

Sie müssen Abschied nehmen.

Die kleine schwarze Hand liegt einen Augenblick in der großen weißen des Missionars. Dabei sagt er:»Bonisa, wenn du dich weit von uns entfernt einsam und allein fühlst, wenn niemand dich verstehen kann, dann kannst du beten. Bitte dann Nkulu-Nkulu um Hilfe. Er sieht dich überall, auch wenn du ganz weit weg von uns bist … Er wird immer auf dich hören; aber dann musst du auch nur ihn um Hilfe bitten, ohne dich wieder an die Geister der Ahnen zu wenden. Wenn du wieder die Amadhlozi um Hilfe bittest, dann ist Inkosi Jesu traurig. Du musst dich entscheiden, Bonisa. Du darfst zu Nkulu-Nkulu beten, aber dann nie mehr zu den Geistern. Geh zu Tukula, dem Sohn des Häuptlings, und erzähle ihm von den Schafen der Herde, die dem Inkosi Jesu gehören und auch in der dunkelsten Nacht nicht verlorengehen. Und wenn sie sich einmal verirren, dann wird der Große Hirte sie wieder suchen und zu seiner Herde zurückbringen, damit sie einmal ewig bei ihm sein können. Kannst du den Spruch von den Schafen noch einmal aufsagen?«

Bonisa faltet die Hände und sagt leise und ehrfürchtig: »Meine Schafe hören meine Stimme … und sie folgen mir; und ich gebe ihnen ewiges Leben; und sie gehen nicht verloren in Ewigkeit« (Johannes 10,27-28).

Nach diesen Worten bleibt es still, bis Jhula den kleinen Jungen hochnimmt und ihn auf Bonisas Rücken in das Tragetuch knotet.

Amos, der afrikanische Pfleger, bringt MaWanda und ihre beiden Kinder mit dem Missionsauto zum Lupanda-Fluss.

An der anderen Seite des Lupanda-Flusses beginnt der Fußmarsch nach Vundlas Kral.

Schon bald keucht MaWanda, und ihr Gang wird immer langsamer. Sie ist schrecklich müde. Nachdem sie einen weiteren Fluss durchwatet haben, bleibt sie am Ufer auf einer niedrigen Klippe sitzen.

Bonisa lässt ihr Brüderchen eine Zeit lang auf der Erde spielen. Er läuft zu dem kleinen Bach zurück und planscht mit den Händen im Wasser, das zwischen den Steinen hindurchfließt.

Das Kind ist vergnügt und ruft dauernd: »Nisa …, Nisa …« Dabei möchte er sie gern zum Wasser zurückziehen; aber sie bleibt bei ihrer Mutter auf den Steinen sitzen.

MaWanda fängt nun an, über das Leben im Kral zu berichten. Die Mais-Ernte ist in diesem Jahr nur mäßig ausgefallen, und es kam nicht genügend Getreide in die Vorratshütte.

Die trockene Winterzeit ist nahe. Die kleinen Bäche sind schon fast ausgetrocknet, und es gibt wenig Wasser für das Gras und das Vieh.

Die Jungen müssen die Rinderherde ganz weit nach Norden zu den größeren Flüssen treiben, damit sie etwas zu trinken finden.

Mambi hütet jetzt die Schafe und Ziegen. Bei ihr hat sich noch kein Schaf verirrt.

Bonisa freut sich immer mehr, den Kral und die Schafe wiederzusehen, aber auch die anderen Brüder und Schwestern und ebenso die Hütte ihrer Mutter.

Beim Aufstehen stöhnt MaWanda leise; aber sie muss ja weitergehen. Sie stemmt ihre Hände gegen ihren schmerzenden Rücken. Ach, wie müde ist sie doch! Die Arbeit bei der Mais-Ernte war für ihren schwachen Körper viel zu schwer. Da hat sie tagelang schwere Körbe, hoch beladen mit Maiskolben, auf ihrem Kopf vom Ackerland in ihren Kral tragen müssen.

Und nun ist sie dauernd müde, ach, so schrecklich müde ... Wie schön ist es, dass Bonisa nun nach Hause kommt! Sie wird jetzt das Feuerholz aus dem Busch holen.

Nach wenigen Tagen hat sich Bonisa wieder ganz an das Leben in Vundlas Kral gewöhnt, und doch ist alles anders als früher.

Bevor Bonisa ihren Maisbrei isst, betet sie. Sie erzählt Nkwee und Sikla sowie den anderen Jungen und Mädchen von dem Umfundisi, dem weißen Mann, und von MaKunda.

Am schönsten sind die Abende in MaWandas Hütte. Dann kommen alle Frauen und Kinder aus dem Kral in die Hütte und setzen sich rings um das Feuer, und Bonisa erzählt.

Sie hat wirklich viel zu berichten.

Sie hat die biblischen Geschichten von den Schafen des Inkosi Jesu gut behalten, und mit Freude erzählt sie allen, Kindern und Erwachsenen, davon. Alle hören aufmerksam zu.

Nkwee und Sikla flüstern sich gegenseitig zu, sie wollten auch die lange Reise zu dem Haus des weißen Mannes unternehmen. Und sie wollten Senja sehen, der erst Feuer in den Augen hatte und nun wieder alles richtig sehen kann.

MaWanda interessieren am meisten die Berichte über die Abendandachten des Umfundisi in seinem Krankenhaus. Da hat er von der schweren Last der Maiskörbe und der großen Brennholz- oder Schilfgrasbündel gesprochen, die Inkosi Jesu von den Schultern heben will; denn er kann sogar den Herzen die Last der Sünden abnehmen.

MaWanda versteht das nicht. Inkosi Jesu ist der König in dem Buch des weißen Mannes. Aber ein König trägt doch keine schweren Lasten für seine Leute! Das Volk muss für den König die Lasten tragen. So ist es in ihrem Volk. Nein, MaWanda versteht das alles gar nicht.

Das macht Bonisa unglücklich.

Ach …, es ist auch zu schwer, alles gut zu behalten und dann richtig zu erzählen. Der Umfundisi muss selbst in ihren Kral kommen. Er selbst muss der Familie aus dem heiligen Buch von Nkulu-Nkulu vorlesen.

Bonisa sehnt sich danach, dass der Umfundisi sie besucht. Sie sehnt sich auch danach, dass ihr mehr vorgelesen wird und die alte MaRunda doch kommen möchte. Ach, wie gern wäre sie auch an ihrem eigenen Fleckchen Erde im Busch bei den Lupanda-Hügeln, wo sie – im hohen Schilfgras versteckt – zu Inkosi Jesu beten konnte!

Aber sie ist nun leider in Vundlas Kral und fern von der Missionsstation. Doch sie beugt oftmals ihre Knie und faltet die Hände zum Gebet.

Manchmal betet sie an einem versteckten Ort im Busch, wenn sie Knüppel als Brennholz sammeln muss.

Einmal blieb sie sehr lange weg. MaWanda wurde unruhig und ging los, um sie zu suchen. Sie fand Bonisa, die in tiefem Unterholz kniete und zu Nkulu-Nkulu betete.

Abends kniet sie in ihrer Hütte neben dem Feuer. Dann betet sie vor dem Schlafengehen für MaWanda und die ganze Familie. Sie bittet Inkosi Jesu auch, er möge den Umfundisi in ihren Kral schicken. Und sie bittet darum, dass sie Tukula von dem Großen Hirten erzählen kann, der seine Schafe immer bewacht, sodass sie nicht verlorengehen können und nicht in der dunklen Nacht der ewigen Finsternis umkommen müssen.

Mambi muss jetzt immer die Schafe hüten; aber Bonisa darf sie und die Herde begleiten. Sie ist eine gute Hilfe für Mambi – besonders deshalb, weil sie jetzt so weit gehen müssen, um Gras und Wasser zu finden.

Nkwee und Sikla gehen mit der Rinderherde voraus, wobei Mambi und Bonisa ihnen in weitem Abstand mit den Schafen folgen.

Wenn die Herde in den heißesten Stunden des Tages im Schatten der Tschabéla-Bäume ausruht, geht Bonisa los, um einen Tschekisane-Strauch zu finden. Sie bricht dann dünne Zweige ab und sammelt sie in ihrem Tragetuch. Am Abend werden diese Zweige dann an ihren Enden aufgespleißt und den Kindern zum Zähnesäubern gegeben. Der Saft in den Zweigen macht die Zähne prächtig weiß. Manchmal findet sie auch kleine violette Seifenblumen und bringt sie mit in ihren Kral.

MaWanda kocht die Blumen mitsamt den Blättern im Wasser aus. Dann gießt sie alles durch ein Grassieb und erhält dadurch eine Kalebasse voll Seifenwasser. Diese trägt sie auf dem Kopf zum Fluss. Das wird immer ein Fest für die Kinder.

All die kleinen Wuschelköpfe werden tüchtig mit Seifenschaum bearbeitet und dann mit lautem Hallo und vielem Prusten im Flusswasser sauber gespült.

Wenn keine »Zahnstocher« oder Seifenblumen zu finden sind, legt sich Bonisa bei der Herde zum Schlafen hin. Dabei liegt sie dicht neben den Schafen. Sie mag diese Tiere gern; sie nennt sie bei ihren Namen und streichelt ihr Fell.

Der Honiganzeiger

Es ist früher Morgen, Mambi und Bonisa ziehen wieder mit der Herde in den Busch. Diesmal gehen sie nach Süden, ins Lupanda-Tal. Sie suchen neues Weideland im Busch, wo noch Gras für die Tiere zu finden ist. Die ersten warmen Sonnenstrahlen des neuen Tages vertreiben die Schatten aus dem Wald. Die Impalas springen lustig zwischen den Bäumen herum. Bunte Vögel erfüllen die Luft mit ihrem vielstimmigen Gesang.

Auf dem Weg ins Tal sehen sie hoch oben am Berghang die Strohdächer des Limpo-Lupanda-Krals im Morgenlicht glänzen. Das ist der Kral, in dem Tukula wohnt.

Bonisa möchte Tukula immer noch gern von der Missionsstation und von dem Umfundisi erzählen – vor allem aber von Inkosi Jesu.

Aber sie darf nicht einfach so zu dem Häuptlings-Kral gehen. Da muss man schon einen besonderen Grund angeben können, und das kann sie nicht. Deshalb muss sie auf eine Gelegenheit warten, um mit Tukula sprechen zu können.

Als sie an die Stelle im Busch kommen, wo sie damals in der Nacht die Schafe gesucht hat, schaudert ihr. Welch eine schreckliche Nacht war das!

Aber nach dieser Nacht hat sich in Bonisas Leben sehr viel verändert. Jetzt trägt sie tief im Herzen den großen Reichtum mit sich herum: Sie hat den Guten Hirten gefunden, der seine Schafe nie umkommen lässt. Seine Schafe können nicht verlorengehen. Das muss sie unbedingt Tukula erzählen.

Während sich die Tiere das Gras in diesem Tal schmecken lassen und die Mädchen auf einem kleinen Felsen am Flussufer sitzen, fliegt ein kleiner Vogel dicht über Bonisas Kopf hinweg.

Das kleine Tier pfeift immerzu kräftig und ruft aufgeregt: »Ché-sché-sché!«

Der Vogel lässt sich auf einen Zweig nieder, der über das Wasser ragt, und ruft wieder: »Sché-sché-sché!«

Noch immer achten die Mädchen nicht darauf. Da fliegt er von dem Zweig hoch und flattert über ihren Köpfen immer hin und her. Dabei hört er nicht auf, ganz wild sein »Sché-sché-sché!« zu pfeifen.

Der kleine Vogel schwebt über das Wasser des Flusses, und nach einer kurzen Stille erklingt wieder und nun noch eindringlicher sein aufgeregtes »Sché-sché-sché!«

Jetzt fliegt er dauernd vor ihnen hin und her, wobei er nicht aufhört, »Sché-sché-sché!« zu rufen.

Plötzlich sagt Mambi: »Das ist ein Honiganzeiger!«

Damit springt sie auf und ruft: »Ich komme!«

Der kleine Vogel merkt, dass die beiden Mädchen ihm folgen wollen. Er wird richtig vergnügt und tschilpt nun ein ganz anderes Lied, wobei er auch im Sitzen die Flügel weit ausbreitet: Tatsächlich, er scheint sich zu freuen!

»Geh mit ihm! Folge überall hin, wohin er fliegt, ich werde Nkwee rufen. Der soll uns helfen!«, befielt Mambi ihrer kleinen Schwester.

»Los, lauf schon! Der Vogel wird ungeduldig, folge ihm bis zum Honignest.«

Bonisa ist ganz aufgeregt.

»Ein Honiganzeiger hat sich aufgemacht, einen Honigbaum zu finden. Das ist ein Festtag!«

Jetzt ruft auch sie: »Ja, ich komme!« Sie schaut, wohin der Vogel fliegt.

Der kleine braune Vogel sieht, dass Bonisa ihm folgen will, und fliegt mit aufgeregtem Flöten auf den nächsten Baum zu, der wohl dreißig Meter vor ihnen steht.

Er setzt sich auf den untersten Ast, schaut Bonisa an und pfeift: »Sché-sché-sché!«

Der Vogel fliegt immer ein kleines Stück weiter, ruht sich dann auf einem Zweig aus und schaut nach, ob Bonisa ihm noch folgt. Wenn sie nahe bei ihm ist, pfeift er wieder lustig. So zeigt er ihr den Weg durch den Busch. Immer wieder fliegt er voraus, dann wartet er, ob sie ihm folgt, und unaufhörlich erklingt sein »Sché-sché-sché!«

Endlich, nach einem anstrengenden Marsch über Stock und Stein, bleibt er auf dem Ast eines hohen morschen Waldbaumes sitzen.

Nun verändert er wieder seinen rufenden Pfeifton in ein erregtes Tschilpen. Er flattert von Ast zu Ast und stößt dann immer wieder nach unten, wo sich eine kleine Öffnung in dem hohlen Baum befindet.

Bonisa weiß nur zu gut, dass sie als ein kleines Mädchen nicht selbst an den Honig kommen kann. Sie braucht Hilfe. Und diese muss schnell kommen, sonst wird das Vögelchen wegen des Honigs jemand anders suchen.

Aber wen soll sie rufen? Nkwee ist ganz weit weg.

Plötzlich fällt ihr Tukula ein. Sie muss Tukula holen. In kindlicher Weise hält sie ein Honignest für einen ausreichenden Grund, den Sohn des Häuptlings zu rufen. Sie meint auch, dies sei dann die Belohnung dafür, dass er sie gegenüber ihrem wütenden Vater beschützt hat, als ihre Schafe umgekommen waren.

Sie ruft dem kleinen Vogel zu:»Warte ein bisschen, ich komme gleich wieder!«

So schnell sie kann, läuft sie quer durch den Busch, bis sie zum Limpo-Lupanda-Kral gelangt.

Schon hat sie die halbe Steigung zu dem hoch gelegenen Häuptlings-Kral überwunden, da tritt ihr ein Junge in den Weg und verbietet ihr, weiterzugehen.

Bonisa sagt ihm, dass sie eine wichtige Botschaft für den Sohn des Häuptlings hat. Ein spöttisches Grinsen geht über das Gesicht des Jungen. Er pfeift einige hohe Töne, da kommt ein zweiter Wächter den Bergpfad herab. Dieser muss nun den Wächterposten übernehmen, während der erste Junge den Berg hinaufgeht, um im Kral einen Besucher zu melden.

Nicht lange danach schreitet der Hauptmann des Häuptlings, gefolgt von Tukula, mit würdevollen Schritten den Berg herunter.

Bonisa verneigt sich bis zur Erde.

Tukula sieht so vornehm aus, und Bonisa fürchtet sich vor seinen strengen, durchdringenden Blicken. Sie wird ganz verlegen und setzt sich nach Landessitte zu seinen Füßen hin.

Einige Augenblicke wird gar nichts gesagt. Das Mädchen wagt nicht, ein Wort hervorzubringen, und bleibt gebeugt vor ihm sitzen.

Als der Hauptmann sie fragt, warum sie zum Limpo-Kral gekommen sei, flüstert sie zaghaft:»Er ist im Busch!«

Tukula befiehlt dem Hauptmann, in den Kral zurückzukehren; er will allein mit dem Mädchen in den Busch gehen.

Der kleine Honiganzeiger, der nie Ruhe gibt, bis die Honig-
höhle geöffnet ist, ist Bonisa auf dem ganzen Weg zum Kral gefolgt.
Er flattert hoch über den Köpfen der beiden und lässt sein durch-
dringendes »Sché-sché-sché!« erschallen.

»Der Honiganzeiger«, sagt sie zu Tukula. »Er hat mich gerufen.
Und ich habe dich gerufen, den Honig zu finden.«
»Warum rufst du Vundla und deine Brüder nicht? Sie wären doch
froh, den Honigbaum zu finden.«

Eine Weile bleibt es still, dann antwortet sie schüchtern: »Weil Tukula mich beschützt und nach Hause gebracht hat, als die Schafe tot waren.« Tukula muss unwillkürlich lächeln.

Schweigend folgen sie dem kleinen Vogel, der ihnen – pfeifend und von Baum zu Baum flatternd – wieder den Weg zeigt, bis er bei dem hohen morschen Baum angekommen ist. Erneut schießt das Vögelchen pfeilschnell an dem hohlen Baumstamm hinab.

»Aaaah ...«, sagt Tukula, »hier ist der Honig.«

Als der Vogel merkt, dass die Menschen aufmerksam den Baum betrachten, verändert er seinen Pfeifton und trillert vor lauter Freude so laut, dass Tukula und Bonisa einen Augenblick stillstehen und ihm staunend zuhören.

Das kleine Tier fliegt nun auf einen niedrigeren Ast, schüttelt graziös sein Gefieder, breitet die Flügel aus und wendet seinen kleinen Kopf dem Baumstamm zu. Das sieht lustig aus, weil es in dieser Haltung auf seinen Teil an der Beute wartet.

Tukula, der alle Geheimnisse des Waldlebens kennt, geht nun mit ruhiger Sicherheit ans Werk.

Sorgfältig untersucht er den ganzen Baum und zeigt Bonisa dann nicht allzu weit über dem Erdboden ein Loch im Stamm.

Sie muss trockenes Gras suchen, einige Hände voll. Tukula macht ein Feuer vor dem Stamm und legt das von Bonisa gesammelte Gras oben darauf. Die Flammen schießen empor, und dichte Rauchwolken steigen auf.

Sie hocken sich vor das Feuer, und Bonisa muss helfen, den Rauch in das Baumstammloch zu blasen.

Als der Rauch in den Hohlräumen des Baumes emporsteigt, vernehmen sie das Unheil verkündende, bösartige Gebrumm der Bienen im Baumstamm; aber schnell verändert sich der Ton in ein leises, müdes Summen.

Die Bienen werden durch den Rauch betäubt, und das beruhigt Tukula sehr. Bei ihrer weiteren Tätigkeit werden sie von den Bienen nicht belästigt werden.

Sobald das Summen vollständig verstummt ist, reißt Tukula ein großes Stück der Borke herunter und zeigt Bonisa eine prächtige Honigwabe.

Mit der Wabe in den Händen lässt er sich auf den Boden fallen, während der Honig überall an seinen Armen herunterläuft. Er legt sie auf das große Blatt einer Schattenpflanze, die auf dem Waldboden wächst.

Der kleine Vogel, der jetzt die Honigwabe so nahe vor sich sieht, kann seine Ungeduld nicht mehr verbergen und flattert aufgeregt tschilpend um sie herum.

»Noch einen Augenblick, kleiner Freund!«, sagt Tukula, »du bekommst deine Belohnung noch.«

Tukula steht wieder auf und reißt ein weiteres Stück Borke ab. Dann greift er erneut in den hohlen Baum. Jetzt hat er ein Nest mit Bienenlarven in der Hand. Er legt es auf die Borke.

Der Honiganzeiger führt geradezu einen Freudentanz auf, als er die festliche Belohnung sieht.

Während Tukula Bonisa erzählt, wie man die Borke mit dem Larvennest dem Honiganzeiger geben muss, kommen Mambi, Nkwee und Sikla angelaufen. Etwas scheu hocken sie sich nach einigen Bedenken neben Tukula hin.

»Sieh«, sagt er, »du musst die Borke mit den Larven und einem Stück Honigwabe immer in den Schatten eines Strauches oder unter einen beblätterten Zweig auf den Boden legen. Dann kann die Sonne das Ganze nicht so schnell austrocknen. Im Schatten bleibt es länger frisch. Denn unser kleiner Freund, der Honiganzeiger, isst immer nur wenig auf einmal, weil sein Kropf so klein ist. Aber so hat er dann für drei Tage ein Festmahl. Das große Stück Honigwabe nehmt ihr mit nach Hause; aber nun müsst ihr erst einmal etwas davon probieren.«

Tukula bricht jedem ein Stück ab. Die Kinder sitzen auf dem Boden, während Tukula auf einem umgefallenen Baumstamm Platz nimmt.

Alle freuen sich an diesem schönen sonnigen Morgen über das unerwartete Festmahl, das ihnen der Honiganzeiger beschert hat.

Nun erzählt Tukula den Kindern eine Geschichte von einem Jungen, der ebenfalls von einem Honiganzeiger gerufen wurde:

»Der Junge folgte voller Freude dem Vogel, doch als er zu dem Bienennest kam, aß er selbst etwas von dem Honig, und den Rest brachte er nach Hause. Aber dem Honiganzeiger, der ihn gerufen hatte, gab er nichts zur Belohnung.

Weil er alles selbst behalten wollte, ließ er dem ungeduldig wartenden Honiganzeiger nichts übrig.

Der kleine Vogel folgte dem Jungen, um zu wissen, wo er wohnte. Einige Zeit später flog er wieder zu dem Kral des jungen Kuhhirten, als dieser mit seiner Herde nach Hause gekommen war. Wieder flötete er sein *Sché-sché-sché!*

Aaaah ..., dachte der Junge, da ist wieder ein Honiganzeiger! Er ruft mich. Nun werde ich wieder etwas Leckeres zu essen bekommen.

Sehr lange folgte er dem Vogel, der ihn mit seinem *Sché-sché-sché* immer weiter in den Busch lockte.

Endlich hielt der Vogel an. Er saß auf einem langen Ast, breitete seine Flügel aus und sang sein fröhlichstes Lied, als wollte er andeuten, hier sei ein Honigbaum in der Nähe.

Tatsächlich war dort ein hohler Baum; der Junge hockte sich nieder, sah in das Loch ...« Mit blitzenden Augen schaut Tukula die Kinder eines nach dem anderen an und fährt dann mit einer schrecklich dröhnenden Stimme fort:»... und da fuhr eine Mamba-Schlange aus dem Loch heraus, die biss dem Jungen ins Bein. Einige Stunden später starb der junge Kuhhirte an dem giftigen Schlangenbiss. Das war die Strafe für seine Habgier und dafür, dass er dem Honiganzeiger keine Belohnung gab. Und nun, ihr Vundlas-Kinder, vergesst also nie, einen so nützlichen Vogel zu belohnen, sonst wird er euch ebenfalls bestrafen!«

Als Tukula aufsteht, um wieder zu seinem Kral zu gehen, steht Bonisa vor ihm. Sie blickt ihn mit ihren dunklen Augen ernst an und sagt:»Wenn wir ein Amulett tragen und die Amadhlozi um Hilfe bitten, wird Nkulu-Nkulu uns strafen.«

Empört ruft Mambi:»Ooooh ..., sag das nicht noch einmal! Die Amadhlozi werden uns strafen!«

Plötzlich will Sikla die Gelegenheit nutzen, mit dem Häuptlingssohn reden zu dürfen. Er springt auf, hält Bonisa die Faust vors Gesicht und sagt, zu Tukula gewendet:»Sie ist im Haus des weißen Mannes gewesen, und nun will sie kein Amulett mehr tragen! Aber Vater Vundla wird sie aus dem Kral vertreiben, wenn sie sich weiterhin weigert. Er wird den Zauberdoktor kommen lassen.«

»Inkosi Jesu ist doch mächtiger als der Zauberdoktor«, sagt

Bonisa leise, »und Inkosi Jesu ist der Große Hirte, und er wird seine Schafe nicht verderben lassen.«

Noch nie hat Tukula, der Sohn des Häuptlings aus dem Lupanda-Reservat, einen so ruhigen und friedevollen Blick bei irgendeinem Kind seines Volkes gesehen, wie er ihn hier bei Bonisa bemerkt, während sie zu ihm sagt: »Wenn Tukula auch ein Schaf von Inkosi Jesu wird, kann er sich nie in der dunklen Nacht verirren. Ich bitte Inkosi Jesu immer ... für Tukula ... Ich bete nicht zu den Amadhlozi, sondern nur zu Nkulu-Nkulu. Von ihm kann man in dem heiligen Buch des Umfundisi lesen.«

Sikla, Mambi und Nkwee werden unruhig.

Aaaah ..., warum muss Bonisa an diesem schönen Morgen wieder über das Buch des Umfundisi reden?! Sie blicken scheu auf Tukula. Ob er schon böse wird?

Dieser aber befiehlt ihnen, mit der Herde wieder in den Busch zu ziehen. Bonisa jedoch soll bei ihm bleiben und alles erzählen, was sie von dem Buch des weißen Mannes gehört hat.

Der Brautpreis

Die trockene Winterzeit ist vorüber. Monatelang hat es nicht geregnet. Aber weil nun bald die Regenzeit einsetzen wird, muss auf dem Ackerland fleißig gearbeitet werden.

Der unebene Acker ist gepflügt und der Mais gepflanzt. Alles wartet nun auf den lang ersehnten Regen. Die Afrikaner schauen jeden Tag mit größerem Verlangen zum blauen Himmel hinauf. Ihre Augen suchen überall nach dem kleinsten Regenwölkchen. Aber nirgends lässt sich eins blicken.

Mutlos und verzagt treffen sich die Oberhäupter der Krale zu einer Versammlung. Auch Vundla ist dabei. Die Männer besprechen unter Anleitung eines Zauberdoktors, was zu tun ist, um die Amadhlozi gnädig zu stimmen, damit die Geister der Ahnen Regen kommen lassen.

Der Zauberdoktor wirft verschiedene Knochen auf die Erde und untersucht das Durcheinander der herumliegenden Halswirbel verschiedener Tiere. Dann meint er, die Antwort zu wissen:

Die Amadhlozi verlangen ein großes Opferfest in jedem Kral, danach werden die Geister Regen schicken. Wenn der Zauberdoktor kommt, muss ihm aus jedem Kral eine Kuh oder eine Ziege gegeben werden. Einige der Tiere wird er opfern, andere als Bezahlung für sich nehmen.

Nach Hause gekommen, sucht Vundla voller Sorgen eine schöne Ziege aus seiner Herde.

Eine Kuh ist unerschwinglich für ihn. Er hat schon drei schöne Schafe verloren, und nun wird auch noch MaWandas Vater in nächster Zeit wegen der Bezahlung des Brautpreises kommen. Drei Kühe oder … MaWandas älteste Tochter Mambi.

Jetzt ist der Abend des Opferfestes bei Vundla angebrochen. Die Frauen und Mädchen haben alles gut vorbereitet. Man hat viel Bier gebraut, und als Leckerbissen gibt es schwarze Raupen. Die Kinder haben sie im Busch gesammelt und im Kral getrocknet. Nun sind sie aufgeweicht und gekocht worden.

Kleine, schön geflochtene Körbe mit schwarzen Raupen und mit Erdnüssen stehen für das Fest bereit.

Nahe und ferne Verwandte sind eingeladen worden, um das alte Regenfest mitzufeiern, bei dem sie um das lebensnotwendige Nass bitten wollen.

Nkwee, Sikla, Mambi und die kleineren Brüder sowie Schwestern befinden sich schon in aufgeregter Feststimmung.

Aber Vundla und MaWanda sind nicht froh.

Sie sind äußerst beunruhigt und voller Angst angesichts der Tatsache, dass die Geister ihnen keinen Regen auf die Mais- und Hirsefelder geben werden, weil ... Bonisa nicht an dem Fest teilnehmen will.

Bonisa sitzt in MaWandas Hütte und bittet Inkosi Jesu, seinem Gebot gehorsam bleiben zu können. Sie will nie mehr an der Anbetung der Geister teilhaben.

Während Bonisa allein in der Hütte sitzen bleibt, versammelt sich Vundlas Familie um ein großes Feuer mitten im Kral.

Der Zauberdoktor hat einen Ehrenplatz. Weil Vundla das Oberhaupt im Kral ist, hält er eine kurze Ansprache. Dann geht der Zauberdoktor feierlich und sehr langsam zu dem »Geisterbaum«.

Aller Augen folgen ihm. Alle beugen oder knien sich vor dem Baum. Das muss als sichtbares Zeichen für die Geister der Ahnen gemacht werden, die von dem Baum auf die Leute herabblicken. Auf diese Weise werden die Geister wissen, dass ihre Nachkommen sie ehren und ihre Gunst erbitten.

Nun opfert der Zauberdoktor die Ziege und bittet die Amadhlozi, kein Unheil zu schicken, sondern den Kral-Bewohnern günstig gesinnt zu sein und ihnen bald Regen auf die ausgetrockneten Felder zu geben.

Danach beginnt das Fest.

Die Männer trinken das starke Bier, die Frauen machen es ihnen nach, und alle lassen sich die gekochten schwarzen Raupen und die Erdnüsse schmecken.

Nach dem Essen müssen die Kinder um den »Geisterbaum« tanzen.

Sie singen und klatschen in die Hände nach dem Rhythmus der Tamtams, auf denen unentwegt getrommelt wird.

Nkwees Augen leuchten; der Zauberdoktor hat auch ihm aufgetragen, die Trommel zu schlagen.

Es wird Nacht.

Im Busch zeichnen sich die dunklen Äste als schwarze Silhouetten gegen den Himmel ab.

Der hell scheinende Mond lässt seinen Silberglanz durch unzählige Baumkronen scheinen, die sich sanft im Nachtwind bewegen.

Auf einen Wink des Zauberdoktors hin wirbeln die Finger schneller über die Felle der Tamtams. Das monotone Gedröhn erhält einen schnelleren Rhythmus.

Immer flinker bewegen sich die Hände auf den Trommeln, und in rasendem Tempo dröhnen die Schläge durch die Nacht. Die Leute am Holzfeuer springen auf und bilden einen Kreis um den »Geisterbaum«. Nun tanzen sie nach dem wilden Rhythmus der Trommeln.

Die Frauen singen, die Männer schreien, die Kinder klatschen in die Hände – und unheimlich wüst dröhnt die »Musik«.

Immer schneller wirbeln die Trommeln, immer schneller und wilder wird der Tanz. Die Menschen starren dabei nach oben – zu dem »Geisterbaum«, zu den unsichtbaren Geistern der Ahnen.

Die Amadhlozi sollen sich durch diesen Festabend geehrt fühlen, den die Afrikaner zu ihren Ehren veranstalten.

Stundenlang dauert das Trommeln, Biertrinken, Singen und Tanzen, bis alle todmüde in ihre Hütten wanken, wo sie sofort auf ihre Schlafmatten fallen.

Bonisa kann nicht schlafen. Oh ja, sie weiß es ganz genau, dass Vater Vundla mitsamt der ganzen Familie furchtbar böse auf sie ist. In ihrem Herzen kommen Zweifel auf. Ist es wirklich wahr, dass Inkosi Jesu, der Sohn des Nkulu-Nkulu, durch das Anbeten der Ahnengeister entehrt wird?

Ja, es steht in dem heiligen Buch, in der Bibel, aus der ihnen der Umfundisi vorgelesen hat. Ach, es gibt noch so viele Dinge, nach denen sie fragen will und die sie nicht versteht! Darum bittet sie, dass Inkosi Jesu den Umfundisi in ihren Kral schickt, um der ganzen Familie von Nkulu-Nkulu vorzulesen.

Am nächsten Morgen sieht es in dem sonst so sauberen Kral sehr unordentlich aus. Weil die Menschen betrunken in ihre Hütten gewankt sind, ist nichts aufgeräumt, und der Kral-Boden wurde auch von den Frauen nicht gefegt.

Vundla erwacht in angespannter, böser Stimmung. Was soll er bloß mit Bonisa machen, diesem ungezogenen Kind? Am liebsten hätte er die Peitsche an ihr ausprobiert, wie er früher immer die Kinder gestraft hat. Aber das darf er nicht mehr … wegen Tukula. Er hat sich Tukula unterworfen und ihm seine Peitsche ausgeliefert. Aber womit kann er dieses ungezogene Kind denn bestrafen? Mit eiligen, nervösen Schritten läuft er vor seiner Hütte hin und her. MaMoyo, seine älteste Frau, kommt zu ihm und hört sich die bösen Worte an, die er spricht.

»Aaah …«, schreit er aufgeregt, »was soll das heißen, dass ein Kind von acht Jahren, und dann noch ein Mädchen, mit neuen Ideen von den Weißen zu uns kommt und sagt, dass solch ein Bierfest verkehrt und eine Sünde ist? Und dass der Gott der Weißen nicht möchte, dass sie daran teilnimmt?«

Vundla spricht schnell und laut, doch auf einmal verändert sich der Ton, und sein Gesicht drückt schreckliche Angst aus. »Oooh …, ich habe solche Angst, dass die Amadhlozi uns strafen werden! Oooh …, was wird aus uns noch werden?«

Tiefe Sorgenfalten stehen auf seiner Stirn, und mit rauer Stimme fährt er fort: »Dies ist das erste Mal, dass sich jemand aus unserer Familie geweigert hat, ein solches Fest mitzufeiern. Unsere Urahnen haben es gefeiert und unsere Großeltern und unsere Eltern, ja, unser ganzer Stamm. Und jetzt kommt plötzlich ein Kind, ein Mädchen von acht Jahren, und erzählt uns, dass ihr Nkulu-Nkulu das verbietet.«

»Oooh …, es ist schrecklich! Sie wird den Zorn aller Ahnen auf diese Familie bringen, weil sie sich weigerte, die Amadhlozi zu verehren.«

Die Angst vor der Strafe der Geister beherrscht Vundla völlig.

Er beschließt, Tukula um Rat zu fragen, wie er seine ungehorsame Tochter zur Ordnung rufen kann.

Im Limpo-Lupanda-Kral versucht Tukula, den aufgeregten Vundla zu beruhigen. Er verspricht ihm, dass er selbst zur Lupanda-Missionsstation gehen werde, um den weißen Mann zu fragen, warum Bonisa das Regenfest nicht mitfeiern darf.

Einigermaßen beruhigt verlässt Vundla den Häuptlings-Kral, aber seine Gedanken sind immer noch trübe. Er fürchtet schlimmes Unheil.

Als er zurückkommt, sieht er einen Besucher vor seiner Hütte sitzen. Ein gewaltiger Schreck durchfährt seine Glieder. Auch das noch ...! Er erkennt den Menschen. Es ist Dodo, MaWandas Vater. Dieser kommt, weil er den Rest des Brautpreises abholen will. Seit der Heirat hat es zwölf Mais-Ernten gegeben. Jetzt muss der Rest bezahlt werden. Vundla ist völlig fertig mit den Nerven. Drei Kühe! Das ist doch viel zu teuer für eine so schwache Frau wie MaWanda! Sie kann nicht schnell arbeiten und hat ihm in all den Jahren, die sie im Kral wohnt, nicht viel Nutzen eingebracht.

Nein, drei Kühe wird er auf keinen Fall geben! So viel ist MaWanda bestimmt nicht wert. Nach der gewohnten afrikanischen Begrüßung geht Vundla mit Schwiegervater Dodo und seinen beiden Brüdern in die Hütte, um den Brautpreis zur Zufriedenheit beider Parteien zu regeln. Die beiden Brüder waren beim Regenfest ebenfalls anwesend und wohnen seither noch für ein paar Tage in Vundlas Kral.

MaWanda ist in ihrer Hütte bei der Arbeit. Sie sitzt am Holzfeuer und ist dabei, eine Schlafmatte zu flechten, während Bonisa neben ihr sitzt und Fasern aus Baumrinde zwischen den Händen rollt, um für die Matten lange Fäden herzustellen.

MaWanda fürchtet sich vor Vundlas Wutanfällen. Sie rechnet jeden Augenblick damit, dass er sie ruft, um sie zu schlagen, weil Bonisa so ungehorsam war.

Bonisa ist nun einmal ihr Kind. Sie muss dafür sorgen, dass das Mädchen in Zukunft die Bierfeste mitfeiert.

In Bonisas Herzen ist dagegen großer Frieden. Sie liebt Inkosi Jesu, und das vertreibt alle Furcht vor dem bösen Vundla.

Gerade eben noch hat sie ihn gebeten, er möchte doch den Umfundisi in ihren Kral schicken. Sie hat auch für ihre Mutter gebetet und für ihren kleinen Bruder sowie für alle, die in ihrem Kral wohnen ... und für Tukula. Und MaWanda hat zugehört.

Die Besprechung in Vundlas Hütte dauert etliche Stunden. Vundlas beide Brüder sind als Zeugen anwesend.

Vundla muss wählen, was er bezahlen will: drei schöne Kühe oder MaWandas älteste Tochter Mambi.

Die drei Kühe will er auf keinen Fall geben. Und Mambi ...? Mambi, die so schön die Schafe und Ziegen hüten kann? Noch nie hat sie ein Tier verloren, wie es bei Bonisa passiert ist. Nein, Mambi will er auch nicht hergeben.

Plötzlich weiß Vundla, was er tun will. Nicht die Kühe, nicht Mambi ... Indem er Bonisa mitschickt, soll der Brautpreis vollends abbezahlt werden. Das scheint ihm eine prima Idee!

Jetzt zählt Vundla gegenüber seinem Schwiegervater all die guten Eigenschaften von Bonisa auf.

Sie ist kräftig, sie kann große Ladungen an Brennholz und Schilfgras tragen. Auch Wasser kann sie schon in kleineren Kalebassen auf dem Kopf aus dem Flussbett in den Kral bringen, ohne einen Tropfen zu verschütten. Darüber hinaus ist sie beim Tau-Drehen und Matten-Flechten sehr geschickt.

»Außerdem«, sagt Vundla mit Nachdruck, »auf der anderen Seite des großen Schandingu-Flusses wird sie Inkosi Jesu wohl vergessen.«

Es bleibt für einen Augenblick still in der Hütte. Die Männer blicken nachdenklich ins Feuer.

Die Brüder haben gesehen, dass sich Bonisa weigerte, das Fest für die Amadhlozi mitzufeiern; darum nicken sie zustimmend.

Der älteste Bruder, der fern im Süden wohnt, ganz in der Nähe der Zendigho-Missionsstation, sagt: »Der Geist von Inkosi Jesu, dem großen ›Medizinmeister‹, ist so mächtig, dass alle Zauberdoktoren aus ganz Afrika zusammen ihn nicht vertreiben können.«

Nach kurzem Schweigen antwortet Dodo: »Aaah ..., wer ist Inkosi Jesu? Wir haben unsere eigenen Medizinmänner. In unserem Land, jenseits des Schandingu-Flusses, wohnt Inkosi Jesu nicht. Bei uns wohnt der Große Masenga, der mächtige Zauberdoktor!«

MaWanda und Bonisa werden gerufen, um für Großvater Dodo und die anderen Männer eine Mahlzeit zuzubereiten.

Mit scharfem Blick verfolgt der Großvater alle Bewegungen des

Mädchens. Sie macht ihre Arbeit gut, denkt er. Na ja, sie ist noch jung; aber nach ein paar Jahren wird sie sicher sieben Kühe wert sein. Und so lange kann sie MaWandas Mutter, der alten Ugogo, auf den Feldern helfen.

MaWanda und ihr Kind sind wieder in der eigenen Hütte. Dodo gibt Vundla bekannt, dass er Bonisa als Bezahlung des Brautpreises anstatt von drei Kühen annimmt.

Voller Schrecken hört MaWanda Vundlas Worte, mit denen er ihr mitteilt, Bonisa solle mit ihrem Großvater gehen.

MaWanda stöhnt. Sie schlägt die Hände vors Gesicht, und Bonisa hält sich krampfhaft an ihrer Mutter fest.

Nein! Das will sie nicht ...! Sie will bei ihrer Mutter bleiben.

Jetzt kommt die übrige Familie, auch alle kleinen Brüder und Schwestern stehen um sie herum.

MaWanda weint herzzerreißend, während sie in der Hütte mit gesenktem Kopf Bonisas wenige Habseligkeiten zusammensucht.

Jetzt hat es der Großvater eilig. Er will sofort aufbrechen. Bevor es völlig dunkel wird, müssen sie beim aufgehenden Mond den großen Schandingu-Fluss durchwaten, und von Vundlas Kral bis dorthin muss man sicher einige Stunden laufen.

Bonisa ist von dem plötzlichen Entschluss ihres Vaters so entsetzt, dass sie keinen klaren Gedanken fassen kann. Mit einer aufgerollten Schlafmatte, einem Holzlöffel und einem Korb Mais für ihre liebe Tochter tritt MaWanda wieder aus der Hütte.

In der Hüttentür bleibt die tieftraurige Frau stehen und beginnt von Neuem, laut zu weinen.

Bonisa drückt sich fest an sie und sagt: »Mama, ich komme wieder! Ich komme wieder! Ich werde den Nkulu-Nkulu bitten, dass er mich zu dir zurückbringt.«

Mit einem rauen Griff reißt Vundla sie von MaWanda los.

»Du und zurückkommen ...?«, fährt er sie grob an. »In diesem Kral und in diesem Land darfst du nie wieder wohnen. Los, geh mit Großvater!«

Es ist ein trauriger Abschied.

MaWanda weint in einem fort, und der kleine Bruder streckt seine Hände nach Bonisa aus und ruft: »Nisa ..., Nisa ...«

»Mama«, flüstert Bonisa ihr noch zu, »du musst jeden Abend beten, dass der Umfundisi kommt!«

An der Umzäunung des Krals blicken die Frauen und Kinder dem Großvater und seiner Enkelin nach. Das ist die Strafe, weil sie sich nicht vor dem *Geisterbaum* beugen wollte, so denken sie.

Der Großvater läuft mit großen Schritten über den Buschpfad, und Bonisa folgt ihm. Ach, alles ging so plötzlich! Sie hat sich nicht einmal von Nkwee, Sikla und Mambi verabschieden können, weil sie noch mit den Herden im Busch sind.

Aber warum muss sie jetzt mit Dodo in seinen fernen Kral gehen?

Mambi ist doch die Älteste! Und sie hat doch so viel dafür gebetet, dass der Umfundisi in den Kral kommen sollte! Und nun muss sie so weit fort, so schrecklich weit weg! Sie kann es nicht verstehen.

Zunächst gehen sie noch durch bekanntes Waldgebiet, wo sie mit der Herde schon oft gewesen ist. Nachdem sie zwei Stunden gelaufen sind, beginnt es, im Busch zu dämmern; ein kräftiger Wind lässt die Baumkronen knarren. Der Großvater trägt zum Schutz einen Spieß und eine Keule.

Bonisa fühlt sich immer einsamer.

Schakombe ist der nördlichste Kral, in dem Bonisa jemals gewesen ist. Dort wohnt ein Bruder ihres Vaters.

Der Großvater schaut zu einem kurzen Besuch hinein, um die Grüße von Vundlas Familie auszurichten. Außerdem will er etwas essen.

Über den großen Fluss

Von Schakombe an laufen sie durch einen völlig anderen Busch. Hier stehen weniger Sträucher, dafür aber mehr hohe Bäume. Der Mond geht auf und scheint durch den Wald. Sein Licht spiegelt sich auf den grauweißen Stämmen der Mupani-Bäume, deren lange Schatten sich über den Boden bewegen. Es ist, als ob sich dunkle Wesen bewegten und sie zum Fluss begleiteten. Der Wind fegt jetzt durch die Kronen, die sich heftig hin und her bewegen. Dabei ist ein unentwegtes Ächzen und Knarren zu hören. Direkt vor ihnen hören die Bäume auf. Das Mondlicht bescheint den Fluss und die Schilfgürtel an dessen Ufern.

Der Buschpfad endet hier, und nur noch ein ganz schmaler Trampelpfad führt durch das raschelnde und wogende Schilf. Es ist so hoch, dass Bonisa nichts anderes mehr sehen kann als die gelbgrünen Stängel mit den braunen Blütenbüscheln an der Spitze, die sich über ihr verneigen.

Es hört sich an, als ob das Schilf singt. Der Wind erzeugt auf den abgebrochenen Stängeln schrille Töne. Aber die dunklen Rispen sehen aus wie schwarze Hände, die ihr nachwinken und sie grüßen, weil sie nun in einen so fernen Kral wandern muss, der ganz weit weg, jenseits des großen Schandingu-Flusses, liegt.

Dicht am Ufer bleibt der Großvater stehen.

Er starrt angestrengt über das quirlende Wasser des Flusses.

Er blickt in die Bucht, wo an beiden Seiten des Flusses lange Dornzweige über die Ufer ragen.

Unter diesen Zweigen verstecken sich die Krokodile.

»Sieh da hin«, sagt der Großvater und zeigt mit der Hand auf den Fluss. »Dort ist die Krokodilbucht, und da ist es sehr gefährlich. Wir können die Krokodile nicht sehen; aber sie sehen uns. Sie lauern jedem auf, der dort durch den Fluss geht. Sie liegen unter den dichten Dornsträuchern. Darum müssen wir die Amadhlozi um Bewahrung bitten.«

»Amadhlozi, Geister unserer Vorfahren, wir bitten euch um Bewahrung. Wir wollen euch immer verehren!«, sagt der Großvater, und seine Augen starren auf das Mädchen, da so klein und so angstvoll neben ihm steht.

Bonisa bleibt unbeweglich und still. Ihre Lippen fest aufeinandergepresst, die kleinen Hände gefaltet, sagt sie keinen Ton. Als kein Wort aus ihrem Mund kommt, beugt sich der alte Afrikaner zu ihr nieder. Er legt seine große Hand schwer auf ihren Kopf. Bonisa steht voller Angst neben ihm. Das Wasser des Flusses rauscht und wirbelt am Ufer entlang. Es spült um ihre Füße. Die Wellen schlagen gegen die Baumstämme, die in der Bucht im Wasser wachsen. Sie spülen mit kleinen Schaumkronen durch den ufernahen Schilfgürtel. Dabei neigen sich die Schilfstängel noch tiefer, wobei sie rascheln und singende Töne abgeben.

»Hörst du das?«, fragt der Großvater. »Das Schilf singt für die Amadhlozi, für die Geister, die in diesem Fluss wohnen. Sieh dir an, wie das Schilf sich vor den Geistern verbeugt, um sie zu ehren. Diese Flussgeister sind es, die uns bei unserer Flussüberquerung beschützen müssen. Darum verbeugen auch wir uns vor ihnen.«

Die große schwarze Hand des Großvaters drückt schwer auf Bonisas Kopf, wobei seine Stimme so streng klingt, dass sie immer ängstlicher wird.

Langsam und feierlich sagt er wieder: »Amadhlozi, wir bitten euch um Bewahrung. Wir werden euch immer ehren.«

Dann verneigt sich der große Afrikaner tief zwischen den wogenden Schilfstängeln. Immer noch liegt seine Hand auf Bonisas Kopf und drückt sie nach unten. Ihre Knie knicken ein und ihr Kopf ist gebeugt; aber sie sagt nichts.

Da poltert Großvaters Stimme und übertönt alles Klatschen der Wellen: »Ach nein, du willst nicht sprechen? Dann werde ich es dir beibringen. Sprich mir nach!«

Er lässt ihren Kopf los und packt sie fest und grob an der Schulter. Bonisa steht zwischen den singenden Schilfstängeln wieder gerade da.

Noch einmal wiederholt der Mann sein Gebet zu den Geistern. Bonisa, die laut schreien möchte, weil ihr die Schulter so wehtut, wiederholt leise: »Amadhlozi, wir bitten euch um Bewahrung.«

Daraufhin lässt der Großvater ihre Schulter los. Zitternd steht sie da, die Tränen kommen ihr; aber sie will nicht weinen – nein, sie will tapfer sein.

»Komm«, sagt der Großvater, »wir wollen jetzt durch den Fluss waten. Halte dich an der Keule fest und laufe, so schnell du kannst, hinter mir her. Ich weiß, wo die Steine liegen, über die man laufen kann. Sieh genau hin, wohin ich meine Füße setze, und folge genau meinen Fußstapfen.«

In seiner Linken hält er die Keule ganz fest, und mit der Rechten umfasst er seinen Spieß mit scharfer Spitze.

Sollten die Krokodile näher kommen, würde er sie mit einem Stoß des Spießes wehrlos machen, und auch mit der Keule kann er sich verteidigen.

Bonisa fasst das dicke Ende der Keule mit beiden Händen und läuft hinter ihrem Großvater her, bis das Schilf ganz aufhört. Nun liegt der schnell strömende, große Schandingu-Fluss vor ihnen.

Ein silberner Streifen des Mondlichts tanzt und glänzt auf den Wellen.

Noch einmal blickt der Großvater mit geübtem Jägerblick kurz nach rechts und links, ob von irgendwoher Gefahr droht. Dann geht er weiter ins Flusswasser hinein.

Bonisa stapft hinter ihm her. Erst zögerlich, dann immer schneller folgt sie ihm, wobei sie bald ebenfalls von einem Stein zum nächsten springt.

Das Schilf singt, und die dunklen Blütenrispen winken ihr wie dunkle Hände nach, als sie traurig Abschied nimmt. Sie blickt kurz zurück.

Ach, wie gern würde sie beide Hände hochheben und zurückwinken nach dem Land, in dem sie nun nicht mehr wohnen darf.

Sie denkt an all die Leute, die sie von jetzt an nie mehr sehen wird, mit denen sie niemals wieder sprechen wird, besonders aber an ihre Mutter und ihre Geschwister sowie an Tukula, an den Umfundisi und … an Inkosi Jesu.

Da kommen ihr plötzlich die Tränen. Sie laufen über ihre Wangen; sie muss bitterlich weinen. Eine hoffnungslose Stimme tief in ihrem Inneren, in ihrem Herzen ruft: »Nein, nein, ich will nicht …!

Inkosi Jesu …! Ich kann nicht allein mit meinem Großvater gehen!
Ich habe Angst!!«

Bonisa schluchzt. Sie kann ihren Kummer nicht mehr verbergen,
und durch die Tränen hindurch kann sie die Steine nicht genau
erkennen, auf die sie treten soll.

»Pass auf, wohin du trittst!«, knurrt der Großvater böse. »Sonst
fällst du gleich in den Fluss. Dann nehmen dich die Krokodile mit.«

Sie versucht, wieder besser aufzupassen, damit sie nicht von den
Steinen gleitet. Mitten im Strom ist eine Sandbank. Dort schauen
die Steine weiter aus dem Wasser heraus.

Da bleiben sie stehen und halten Ausschau nach Krokodilen, die vielleicht am Nordufer lauern.

Bonisas Herz schlägt heftig.

Aber der Großvater wartet nicht lange. Sie müssen gleich weiter; denn die Reise dauert noch lange. Der Fluss wird wieder tiefer, und sie klammert sich ganz fest an die Keule.

Das Wasser reicht ihr bis zum Bauch. Deshalb muss der Großvater sie mit Gewalt vorwärtsziehen. Beinahe reißt der Strom sie von den Steinen.

Wie breit ist der Fluss doch! Und wie lange müssen sie gehen, bis sie endlich auf der anderen Seite das gegenüberliegende Ufer des großen Schandingu erreicht haben.

Das Nordufer ist hoch und steil.

Bonisa ist so müde, dass sie keine Kraft mehr hat, nach oben zu klettern. So lässt sie sich von dem Großvater ziehen, der mit wenigen großen Schritten das Ufer erklimmt, wobei er sich an einem herabhängenden Ast festhält und sich daran hochzieht.

Kurz darauf stehen sie oben am anderen Ufer unter den Mupani-Bäumen.

Da lässt Bonisa die Keule los; sie kann nun wieder selbst hinter dem Großvater herlaufen. Sie muss ihm ja folgen, wohin er geht.

Einige kleine Affen springen mit Gekreisch von den Bäumen auf die Erde und umkreisen neugierig die beiden. Großvater blickt noch einmal auf den Fluss zurück, der nun weit unter ihnen im Mondlicht vorüberströmt.

Bonisa schaut gespannt auf den Großvater: Was wird er als Nächstes tun?

»Sieh!«, sagt er und streckt seinen Arm geradeaus, um zurückzuzeigen – dorthin, wo sich der große Fluss befindet. Bonisa steht neben ihm und hört zu.

»Sieh!«, wiederholt der Großvater, »da, hinter dem gegenüberliegenden Ufer des großen Flusses, da liegt der Kral, in dem du bisher gelebt hast. Da wohnt Vundla, der Mann meiner Tochter MaWanda. Du wirst nie mehr in ihrer Hütte wohnen. Darum musst du Vundlas Kral und MaWanda vergessen und auch deine Freunde und deine

Schafe und Ziegen. Von nun an gehörst du zu einem neuen Land und zu einem neuen Kral – bei Ugogo. Du musst das ganze Land jenseits des Flusses vergessen. Die Amadhlozi haben uns beim Überqueren des großen Flusses bewahrt. Wir wollen sie jetzt ehren.«

Er lässt seinen Arm sinken und legt ihn auf die Schulter des Mädchens. Dabei sagt er:»Beug dich vor den Amadhlozi!«

Das schwere Gewicht seiner Hand drückt sie nach unten, da muss sie sich beugen ... Auch der Großvater verneigt sich und dankt den Geistern für die Bewahrung.

Bonisa muss ihm nachsprechen, und sie wagt es nicht, sich dagegen aufzulehnen. So flüstert sie leise die Worte, die ihr der Großvater vorsagt.

Sie sind nur ein kleines Stück durch den Busch gelaufen, da bleibt der Großvater vor einer zerfallenden Hütte stehen. Er hustet kurz vor dem Eingang, woraufhin er eine kurze Zeit wartet. Nichts ist zu hören. Also geht er hinein.

Bonisa folgt ihm und hockt sich mitten in der Hütte nieder.

Dodo macht aus herumliegenden trockenen Zweigen ein Feuer. Danach sitzen sie schweigend und blicken in die Flammen. Die Wärme des Feuers macht Bonisa schläfrig. Schon bald fallen ihr die Augen zu. Nicht lange danach legt sie sich auf der Erde nieder, zieht ihre Decke aus Kuhhaut über sich und schläft ein.

Dodo bleibt noch lange am Feuer sitzen und denkt zufrieden über seine Reise in den Süden nach. Er hat wirklich ein gutes Geschäft gemacht, weil er Bonisa als Abzahlung des Brautpreises erhalten hat.

Vundla musste ihm noch drei Kühe geben, aber dieses kleine Mädchen, die Tochter von MaWanda, wird in einigen Jahren sieben Kühe wert sein.

Und in den nächsten Jahren, kann sie da nicht tüchtig für ihn arbeiten und für die alte Ugogo Wasser aus dem Fluss und Holz aus dem Busch holen?

Wirklich, er hat ein gutes Geschäft gemacht.

Nach einigen Stunden, in denen sie tief geschlafen hat, wird Bonisa wach und blickt verwundert um sich. Neben ihr glimmt das Holzfeuer; aber ihre Mutter ist nicht da. Auch hört sie nicht die vergnügte Stimme ihres kleinen Bruders, der schon gleich am Morgen mit ihr spielen will und immer »Nisa …, Nisa …« ruft, um sie zu wecken.

Langsam kommt ihr die Erinnerung an den gestrigen Tag. Oooh …, jetzt weiß sie alles wieder. Sie ist nicht mehr zu Hause, nicht bei ihrer Mutter. Sie sind durch den großen Fluss in dieses neue Land gegangen.

Da steigt wieder der große Kummer in ihrem Herzen auf: Sie ist in dem Land, in dem Inkosi Jesu nicht wohnt …

Sie will aber nicht in einem Land sein, in dem er nicht ist! Sie will heim …, zurück an die andere Seite des großen Flusses.

Sie will wieder dahin, wo der Umfundisi wohnt, zurück zum weißen Krankenhaus, wo sie so schön von Nkulu-Nkulu singen können. Hier will sie auf keinen Fall bleiben!

Es ist ganz still in der Hütte. Der Großvater ist nicht da. Vielleicht ist er im Busch, um wilde Wurzeln zu suchen, die man essen kann?

Die Dunkelheit der Nacht ist vorüber. Die ersten Strahlen des neuen Tages scheinen durch die Bäume. Das kann sie durch die Ritzen der baufälligen Hütte sehen. Sie fühlt sich schrecklich einsam in diesem neuen Land!

In Gedanken hört sie wieder die Stimme des Umfundisi, als er im Krankenhaus zu ihr sagte: »Bonisa, wenn du Kummer hast und einsam bist, wenn niemand dir helfen mag, dann kannst du beten. Bitte einfach den Inkosi Jesu, er wird dir helfen. Er sieht dich immer und überall, und er wird dich auch allezeit hören, allerdings darfst du nur ihn um Hilfe bitten und nicht die Geister der Vorfahren. Wenn du die Amadhlozi um Hilfe bittest, dann ist Inkosi Jesu betrübt. Du musst wählen, Bonisa! Du darfst zu Inkosi Jesu beten, dann aber nicht mehr zu den Geistern.«

Diese Worte ziehen durch ihre Gedanken.

Sie kriecht aus ihrer Kuhdecke und beugt neben den qualmenden Resten des Holzfeuers ihre Knie. Sie faltet die Hände und will beten. Wie gern möchte sie fröhlich an den Guten Hirten denken, viel lieber noch als an ihre eigene Mutter und die ganze Familie und ihre Heimat.

Großvater hat gesagt, sie müsse alles vergessen, was auf der anderen Seite des Flusses ist, doch das kann sie nicht. Sie kann doch nicht vergessen, dass Inkosi Jesu ihr König wurde, als sie noch in dem anderen Land war!

Bonisa will beten, aber da fällt ihr der vorige Abend ein, als sie vor dem Fluss im Schilf standen. Da hatte Großvater gesagt, sie müsste die Amadhlozi um Bewahrung bitten.

Ach, sie hat es nicht gewollt, weil sie doch dem Inkosi Jesu versprochen hatte, nie wieder zu den Geistern zu beten.

Aber dann hat sie es doch getan. Sie hat sich schrecklich vor dem Großvater gefürchtet und vor der Strömung des Flusses und vor den Krokodilen! Wird Inkosi Jesu ihr nun noch helfen?

Vielleicht will er nun nicht mehr ihr König sein. Sie fürchtet sich davor, dass er sie nun nicht mehr haben will.

Bonisa schlägt die Hände vors Gesicht und weint in ihrer großen Not. Sie weint vor tiefer Traurigkeit, während sie ganz allein ist. Aber trotzdem ist in ihrem Herzen ein großes Heimweh nach dem jenigen, den sie nie vergessen kann.

Sie wagt nicht zu beten, und doch ist tief in ihrem Herzen eine Stimme, die ruft:»Inkosi Jesu, ich kann dich nicht vergessen, auch wenn traurig bist, weil du siehst, was ich getan habe. Ich will dich trotzdem lieb haben – immer!«

Sie geht aus der Hütte und blickt umher, wo der Großvater geblieben ist. Aber rings um die Hütte ist alles still, wenn auch die Vögel ihr Morgenlied singen.

Auf dem Pfad, der zum Fluss hinabführt, sieht sie in der Ferne die Impalas, die ihre lustigen Sprünge durch den Busch machen. Ach, sie will zurück, zurück in ihr Land und zu dem Umfundisi, um ihm zu sagen, dass sie zu den Amadhlozi gebetet hat. Sie will ihm auch sagen, dass Inkosi Jesu darüber traurig ist.

Es ist nur ein kurzer Weg von der Hütte bis zum Fluss.

Wegen des dichten Gebüschs kann sie das Wasser noch nicht sehen; aber sie hört das Rauschen der Wellen, die da unten vorüberströmen.

Sie verletzt ihr Bein an einem Dornstrauch, sodass ein wenig Blut an der Wade herabläuft. Doch sie achtet nicht darauf und kämpft sich durch das Unterholz, bis sie plötzlich vor dem Wasser steht.

Was für ein großes Wasser! Als sie in der vorigen Nacht auf den

Steinen hindurchwateten, hat sie gar nicht gesehen, wie groß der Fluss ist.

Und da drüben, auf der anderen Seite mit den dunklen Bäumen, da ist ihr Land, da wohnt Inkosi Jesu.

Keinesfalls kann sie allein durch das große Wasser gehen und fliehen. Ihr ist klar, dass sie wohl doch in dem neuen Land wohnen muss, ganz allein im Land der Geister!

Noch einmal blickt sie hinüber. Sie erkennt drüben die wogenden Schilfhalme mit den braunen Rispen am oberen Ende, die ihr wie Hände einen Abschiedsgruß zuwinken.

Wieder kämpft sie sich durch das Gebüsch und geht gleich in die Hütte. Vielleicht ist der Großvater schon böse, weil sie fortgelaufen ist. Aber noch ist es ganz still in der Hütte. Niemand ist da.

Das Holzfeuer qualmt vor sich hin. Es muss besser brennen, wenn der Großvater zurückkommt. Vorsichtig schüttelt sie die Asche von den Zweigen und schiebt einige von ihnen dicht an die Glut heran. Schon bald beginnt das trockene Holz zu knistern, und rote Flammen züngeln in die Höhe.

Bonisa nimmt ihre Schlafmatte und setzt sich darauf – neben das Feuer. Hier will sie auf den Großvater warten, bis er zurückkommt. Sie hat die Beine übereinandergekreuzt und die Ellbogen sind auf die Knie gestützt. Ihr Kopf ruht in ihren beiden Handflächen. So starrt sie in die Flammen.

Es ist still in der Hütte. Und in dieser Stille wird die Erinnerung an die Missionsstation so lebendig in ihren Gedanken, als sei sie wieder dort.

Sie denkt an den einen Abend, als sie am Waldrand hinter dem Krankenhaus saßen. Die Frauen hatten Feuer gemacht, in deren Umkreis eine Menge kranker Leute saßen.

Der Umfundisi setzte sich ebenfalls zu ihnen und erzählte ihnen von dem Großen König, dem Guten Hirten seiner Schafe. Ach …, wie freundlich hat der weiße Mann dabei ausgeschaut! Und seine Stimme hörte sich so gut an, wenn er über den Inkosi Jesu sprach, den Guten Hirten, der seine Schafe nie verlassen wird. Vielleicht verirrt sich ein Schaf ganz weit – so weit, dass es niemand mehr finden kann und niemand das ängstliche Rufen des einsamen Schafes hört. Dann vernimmt der Gute Hirte dennoch das Rufen dieses Schafes. Und er sucht es und ruft es, und das Schaf hört seine Stimme.

Der Umfundisi hatte das heilige Buch von Nkulu-Nkulu in seinen Händen. Es war aufgeschlagen, und er las darin die Worte, die der Inkosi Jesu selbst gesagt hat:»Ich bin der gute Hirte ... meine Schafe hören meine Stimme ... und sie folgen mir« (Johannes 10,14.27).

Dann durften sie alle zusammen die Worte aus dem heiligen Buch nachsprechen, und sie haben alle ganz leise geflüstert:»Ich bin der gute Hirte ... meine Schafe hören meine Stimme ... und sie folgen mir.«

Oh, wie still war es danach da draußen, und sie, Bonisa, hat geweint! Es war nämlich, als ob es nicht die Stimme des Umfundisi war, der diese Worte vorlas, denn sie hörte in ihrem Herzen eine andere Stimme, so mächtig und doch so freundlich, und diese Stimme sagte:»Ich bin der gute Hirte ... meine Schafe hören meine Stimme.« Da hat sie angenommen, dass das nur die Stimme des Inkosi Jesu selbst sein konnte.

Die Frauen haben böse auf sie geblickt und leise gesagt, sie sei noch viel zu klein, um zuzuhören; sie solle lieber in die Schlafhütte gehen. Aber sie war beim Holzfeuer sitzen geblieben und hatte weiter aufmerksam zugehört.

Jedes Wort des Missionars war tief in ihre Seele gedrungen. Sie hatte überhaupt keine Angst mehr vor den Geistern; denn sie glaubte fest, dass der Inkosi Jesu viel stärker als die bösen Geister ist.

Als alle Frauen und Kinder bereits zum Schlafen ins Krankenhaus und in die Hütten gegangen waren, blieb die alte MaRunda noch beim Feuer sitzen, und sie war ebenfalls draußen geblieben.

Da hat sie MaRunda gesagt, dass sie den Inkosi Jesu von Herzen lieb hat. Und die alte Frau hat zu ihr gesagt:»Du bist noch klein, Bonisa. Es stehen viele weise Worte in dem heiligen Buch von Nkulu-Nkulu, die du allesamt noch kennenlernen musst. Der Inkosi Jesu hat auch gesagt: Wenn ihr mich liebt, so haltet meine Gebote (Johannes 14,15). Daran kannst du also sehen, ob du ihn lieb hast. Denn dann will man auch gehorsam sein – nicht aus Angst, weil er ein so großer König ist, sondern weil man ihn lieb hat.«

Jetzt ist Bonisa traurig. Sie ist wie ein kleines Schaf, das weggeholt wurde aus dem Land, in dem Inkosi Jesu sie gefunden hatte. Aber der treue Hirte, der seine Schafe niemals in Kummer und Einsamkeit umkommen lässt, schenkt auch Bonisa den Glauben, dass er auch jetzt für sie sorgen kann.

Durch ihr trauriges Herz zieht ein warmes Gefühl von Liebe und Vertrauen, als sie aufs Neue mit wunderbar starker Stimme die Worte vernimmt: »Meine Schafe hören meine Stimme ... und sie folgen mir.« Große Freude erfüllt Bonisas Herz. Sie kniet erneut nieder. Dann sagt sie laut und deutlich: »Inkosi Jesu, willst du doch noch mit mir reden?

Ich bin ungehorsam gewesen. Ich habe beim Fluss die Amadhlozi um Hilfe gebeten. Inkosi Jesu, du willst also mit mir in das neue Land gehen? Ich habe deine Stimme gehört. Willst du meinen Ungehorsam vergeben und mein Herz reinwaschen? Hilf mir, dir gehorsam zu sein, weil ich dich immer lieb haben will.«

Man hört Schritte am Hütteneingang. Der alte Afrikaner, der von seinem frühen Gang durch den Busch zurückgekehrt ist, sieht nach, ob seine Enkelin schon aufgewacht ist. Wie muss er sich wundern. Da liegt sie in der Hütte mit gefalteten Händen und vorgebeugtem Kopf auf den Knien. Auch hat er gut gehört, dass sie mit jemand sprach, als er zur Hütte hereinkam.

»Aaah ...«, sagt er, »du bist schon wach und redest mit dem Feuer.«

»Aaah ...«, antwortet sie verwirrt, »ich bin wach und bete zu Inkosi Jesu.«

»Aaah ..., aaah ...«, sagt er mit den Händen abwehrend, »nein, der wohnt nicht in diesem Land; aber ich sehe, dass du das Feuer schön in Gang gebracht hast. Das ist gut, das ist gut ... Ich habe Essen gefunden. Deine Mutter MaWanda konnte den Mais gut rösten. Zeig einmal, ob du das von ihr gelernt hast!«

Er gibt ihr zwei Stängel. An jedem hängen zwei schöne Kolben.

Bonisa steht sofort auf, macht eine kleine Verbeugung vor dem Großvater und nimmt die Maiskolben aus seiner Hand. Dann hockt sie sich vor das Feuer und dreht die Kolben nacheinander langsam über den Flammen.

Wenn die Körner zu schnell aufplatzen, muss sie die Kolben ein wenig vom Feuer wegnehmen, damit sie abkühlen. Danach aber werden sie wieder über das Feuer gehalten und möglichst schnell gedreht.

Ein angenehmer Backdunst verbreitet sich in der Hütte.

Jetzt merkt auch Bonisa, dass ihr Magen leer ist und sie großen Appetit auf den Mais hat, auf dessen Körnern die gelben Tropfen von Fett glänzen.

Sie legt die Kolben auf einige trockene Maisblätter und hockt sich vor dem Großvater hin. Die größeren bietet sie ihm an, und er beginnt sogleich genüsslich mit dem Essen.

Bonisa nimmt ebenfalls einen Kolben in die Hand, doch dann legt sie ihn wieder hin.

Obwohl zunächst die Angst vor dem Großvater wieder in ihr aufsteigt, faltet sie die Hände. Sie sieht den Großvater ruhig an und sagt:»Wenn ich etwas zu essen bekomme, bete ich immer zu Inkosi Jesu. Das habe ich bei dem Umfundisi gelernt, und das will ich in dem neuen Land auch immer tun.«

Daraufhin schließt sie die Augen und betet deutlich und laut: »Inkosi Jesu, segne bitte dieses Essen, und ich danke dir, dass du uns in dem großen Fluss vor den Krokodilen bewahrt hast. Bewahre uns bitte auch auf der Reise zu Ugogo. Amen.«

In ihrem Herzen herrscht tiefer Frieden. Sie blickt ihren Groß-vater an und sagt:»Ich habe auch schöne Lieder über den Nkulu-Nkulu gelernt. Die werde ich Ugogo vorsingen, wenn ich hin-komme, und ihr erzählen, was ich aus dem heiligen Buch von Nkulu-Nkulu gelernt habe.«

»Aaah ...«, sagt der Großvater,» du kommst zu Ugogo, um zu arbeiten. Du sollst nicht neue Manieren in unser Land bringen. Und wir bitten die Amadhlozi um Bewahrung. Jetzt iss deinen Mais auf; denn die Reise ist noch lang.«

Sobald er mit dem Essen fertig ist, geht er zur Hüttenöffnung und blickt ungeduldig auf das Mädchen, das zwar mit dem Essen fertig ist, aber noch sitzen bleibt. Da sieht er doch tatsächlich, wie sie wieder die Hände faltet. Dann hört er sie sagen:»Inkosi Jesu, ich danke dir für das Essen. Bitte, bekehre den Großvater auch zu dir, damit er ebenfalls ein Schaf deiner Herde wird. Ach, Großvater ist schon alt; aber du willst sicher auch alte Schafe haben. Amen.«

Den Alten packt flammender Zorn. Er bückt sich und wirft einen Knüppel mitten ins Feuer, sodass die brennenden Zweige auseinanderfliegen und auch Bonisas bloße Füße treffen.

Erschrocken springt sie auf und sieht, wie der Großvater wütend die Faust gegen sie schüttelt.

»Inkosi Jesu, hilf mir!«, seufzt sie.

Zum Glück geht der alte Mann jetzt nach draußen. Er sieht sich nach seiner Enkelin überhaupt nicht um; aber Bonisa weiß, dass er an den knackenden Zweigen hört, ob sie ihm folgt.

»Meine Schafe hören meine Stimme … und sie folgen mir«, so klingt es in ihrem Herzen.

»Ja, Inkosi Jesu, ich folge dir!«

Stundenlang folgt Bonisa ihrem Großvater auf schmalen Buschpfaden. Dabei geht es auch durch dichtes Unterholz und an Dornsträuchern vorbei.

Der Weg führt allmählich bergan. Über einige Hügel geht es ins afrikanische Bergland.

Jetzt verlässt der Großvater den Weg durch den Busch und folgt einem anderen, der durch die weite Steppe führt, wo das Elefantengras wächst.

Das ist so hoch, dass es sie beide weit überragt. Auch der Großvater geht ganz im Schatten der riesigen Gräser.

Es ist warm, und der Wind säuselt in den hohen Stauden. Bonisa hört die gelben Blätter rascheln, wenn sie gegen die Stängel schlagen. Es ist, als ob sie singen und flüstern. Sie wogen und wiegen sich hin und her. Aber das macht ihr nicht mehr bange. Oh nein, sie fühlt sich jetzt nicht mehr einsam wie in der Nacht, als sie durch den Fluss gingen.

Sie ist ja nicht mehr allein. Sie kann nun wieder glauben, dass Inkosi Jesu mit ihr in das neue Land geht. Sie hat seine Stimme wieder gehört, die zu ihrem Herzen sagte: »… und sie folgen mir!«

Das will sie jetzt auch tun. Sie läuft zwar hinter ihrem Großvater her; aber sie folgt dabei ihm, dem Großen Hirten, der seine Schafe niemals allein lassen wird.

Der »Große Masenga«

Den ganzen Tag sind sie gelaufen, ohne sich auszuruhen. Im Busch fängt es schon an zu dämmern, als sie endlich in Großvaters Kral ankommen. Einige Kinder stehen am Eingang und reden miteinander. Neugierig betrachten sie das neue Mädchen, das verlegen hinter dem Großvater steht.

Aufgeregt stürzen sie in den Kral und rufen den Frauen entgegen, dass der Großvater von seiner Reise in den Süden heimgekehrt ist. Jetzt reden alle Familienangehörigen wild durcheinander. Sie kommen aus allen Ecken des Krals herbei.

Allerdings müssen sie ziemlich langsam gehen; denn die alte Ugogo hat den Vortritt, und die kann nur ganz langsam gehen.

Mühsam zieht sie ihre Füße durch den Sand; ihr Rücken ist gebeugt, und ihre rechte Hand stützt sich auf einen Stock.

Bonisa erschrickt, als Ugogo näher kommt.

Wie alt und wie schmutzig sie aussieht! Auch sieht sie, dass die Frauen und Mädchen nur Röcke aus Tierfellen tragen. Überhaupt sehen sie ganz anders aus als die Leute in ihrer Heimat.

Die alte Großmutter blickt das Mädchen scharf und durchdringend an und murmelt dabei unverständliche Worte.

Mit ihren schmutzigen Händen reißt sie heftig an Bonisas Kleid, wobei sie besonders auf den Hals und die Handgelenke des Kindes blickt. Plötzlich sagt sie drohend: »Wo ist dein Amulett?«

»Ugogo, ich habe kein Amulett; denn Inkosi Jesu ist mein König, und ich bete nicht zu den Amadhlozi.«

Die alte Frau blickt sie verwundert an und lässt das Kleid los. Großvater spricht kurz mit Ugogo, dann zieht sich die gesamte Familie in den Kral zurück.

Nur Bonisa muss draußen am Kral-Eingang warten, bis Ugogo ein neues Amulett aus ihrer Hütte geholt hat, in dem noch die ganze Zauberkraft sein soll, um die bösen Geister auszutreiben.

Es ist eine hübsche Kette aus kleinen weißen und schwarzen Kugeln, die aus trockenen Wirbeln und anderen Knochen wilder Tiere gemacht wurden.

Ugogo hält das Amulett ausgebreitet in ihrer Hand und erzählt Bonisa, dass Masenga, der große Zauberdoktor, dieser Kette viel Kraft verliehen hat, um böse Geister zu verscheuchen.

Mit erschrockenen Augen blickt das Mädchen auf die Kette. Als ihre Großmutter diese an Bonisas Hals befestigen will, tritt diese schnell einen Schritt zurück und sagt:»Nein …, das geht nicht! Das erlaubt der Umfundisi nicht!«

»Aaaah …, aaah …, wer ist der Umfundisi, und wer ist der Inkosi Jesu? Die kennen wir nicht, und die wohnen auch nicht hier!«, ruft Ugogo böse.

»Aber er ist bei mir, und ich höre seine Stimme«, antwortet das Kind.

Noch einmal versucht die Großmutter, das Amulett um Bonisas Hals zu hängen. Doch als sie sich wieder weigert, wird die alte Frau ganz zornig und fährt sie heftig an, sie dürfe dann auch nicht in den Kral kommen.

Mit dem Amulett in der Hand schlurft Ugogo in ihre Hütte zurück, vorbei an den Frauen, die an den Feuern hocken und dabei sind, das Abendessen zuzubereiten.

Die Frauen munkeln nervös über das fremde Mädchen, das kein Amulett tragen will. Oh, das ist gefährlich! Dann darf sie nicht bei ihnen wohnen.

Sie hat nach ihrer Meinung aus dem Land an der anderen Seite des Schandingu-Flusses böse Geister mitgebracht, und diese müssen sofort weggejagt werden!

Während Bonisa allein an der Kral-Umfassung warten muss, bespricht die Familie, was mit dem Mädchen zu geschehen hat.

Der Großvater muss als Familienoberhaupt eine Entscheidung fällen. So sendet er einen seiner Söhne zu dem Zauberdoktor Masenga mit der Bitte, so schnell wie möglich zu kommen, um die bösen Geister aus dem Mädchen zu vertreiben.

Bis dahin müssen zwei Jungen im Kral auf Trommeln schlagen, damit die bösen Geister, die das Mädchen mitgebracht hat, es nicht wagen, in den Kral zu kommen.

Die Sonne ist mit ihren letzten Strahlen hinter den dicht bewaldeten Hügeln versunken. Dunkle Abendwolken bedecken den Himmel, und in den Tälern ziehen die schwarzen Büffel zu den Dorngebüschen, in denen sie die Nacht verbringen wollen. Eine Gruppe Impala hüpft und springt elegant an der Bergflanke entlang. Sie versuchen, in den kleinen Bächen ihren Durst zu löschen.

Die Finsternis bricht nun schnell über den Busch herein. Sie hüllt die Hütten und Krale in jene geheimnisvolle Stille, die der afrikanischen Nacht vorausgeht.

Die dunkle Nacht senkt sich auch über den Kral des Großvaters. Bonisa hat sich am Eingang auf den Boden gesetzt und lehnt sich müde gegen einen rauen Pfahl der Umzäunung.

Durch die Öffnung sieht sie Frauen sowie Kinder und auch einige Männer bei den Feuern sitzen. Der Abend-Maisbrei wird ausgeteilt.

Aber sie bekommt noch nichts davon. Sie gehört noch nicht dazu. Noch ist sie das fremde Kind aus Vundlas Kral – von weit her, von jenseits des großen Schandingu-Flusses.

»Masenga kommt!«, flüstern die Frauen, als am Rand des dunklen Waldes einige Gestalten sichtbar werden und der große Zauberdoktor mit seinem Gefolge kurz darauf den Hof des Krals betritt.

Er verschwindet zunächst in der Hütte des Großvaters, um dort zu besprechen, welches Ritual hier angewendet werden muss, um das Mädchen, das neue Familienmitglied, von den bösen Geistern zu befreien.

Die Flammen lodern in die Höhe. Das flackernde Licht des Holzfeuers lässt über die schwarzen Gesichter der Männer dunkle Schatten huschen, die im weiten Kreis auf dem Boden der großväterlichen Hütte sitzen.

»Aaah …«, sagt der Großvater, »in dem Mädchen wohnen starke Geister. Der Geist von dem weißen Mann und von Inkosi Jesu.«

»Aaah …«, antwortet Masenga, »meine Medizinen haben große Kraft! Bin ich nicht der mächtigste Medizinmann im ganzen Swabonga-Land?«

Der Großvater schweigt eine Weile, dann beginnt er, bedächtig zu erzählen: »Vundla, der Mann meiner Tochter MaWanda, hat gesagt, dass alle Zauberdoktoren aus dem Schandingu-Land den Geist von Inkosi Jesu nicht vertreiben können.«

Der Zauberdoktor starrt böse ins Feuer und knurrt beleidigt die Anwesenden an: Seine Zauberkraft sei mächtiger als die aller Medizinmänner südlich des großen Flusses.

Masenga ist eine Eindruck weckende Gestalt, wie er da so hinter dem Holzfeuer sitzt. »Bringt das Mädchen her!«, befiehlt er.

Eine der jungen Frauen aus dem Kral wird geschickt, Bonisa zu holen. Sie heißt Schita. Als sie zum Eingang des Krals kommt, hockt sie sich neben das schlafende Kind und weckt es auf.

»Komm«, sagt sie freundlich, »komm mit. Der Große Masenga ist gekommen. Er ist der Zauberdoktor, der von den Amadhlozi geschickt wird, um aus dir eine gute Swabonga-Frau zu machen. Komm mit, hab keine Angst. Lass dir doch von Ugogo das Amulett um den Hals hängen, dann wirst du glücklich sein und zu unserem Stamm gehören.«

Noch etwas verschlafen blickt Bonisa vor sich hin. Ach ja, sie ist bei dem Kral ihres Großvaters.

»Komm schnell«, sagt Schita freundlich, »lass den Großen Masenga nicht warten. Ich helfe dir.«

Sie fasst Bonisa bei der Hand. Das Kind empfindet eine gewisse Freundlichkeit in diesem Händedruck. Ob wohl doch jemand in diesem Kral lebt, der ihr beistehen will?

Schita bringt sie zur Hüttentür und flüstert: »Hab keine Angst. Ich warte auf dich.«

Aber wie Bonisa die dunklen Gestalten sieht, die rings um das Feuer sitzen, befällt sie doch ziemliche Angst.

Mitten drin sitzt der »Große Masenga«. Ein geflecktes Leopardenfell hat er schräg über seine Schulter gehängt. Um seinen Hals trägt er eine Schnur, an der verschiedene Sorten von Zähnen hängen, von Affen, Löwen, Leoparden und Wildschweinen. Zwei Pfoten mit Löwenkrallen hängen von seinen Schultern herab. Auf dem Kopf trägt er eine Pelzmütze, an der einige Affenschwänze hin und her wedeln.

In seiner Rechten hält er einen Spieß mit scharfer Spitze, und neben ihm sitzt sein Hauptmann mit einem großen ovalen Zuluschild aus Ochsenleder.

Ugogo schlurft hinter Bonisa in die Hütte und lässt das Kind direkt vor dem Feuer stehen, genau Masenga gegenüber.

In der Hütte herrscht tiefes Schweigen. Nur die Zweige im Feuer knacken hier und da.

Der »Große Masenga« blickt auf das verlegene Mädchen. Er schaut es lange und durchdringend an.

Bonisa steht mit gefalteten Händen und starrt ins Feuer.

Plötzlich brummt der Zauberdoktor. Ein dumpfes, tiefes Geräusch echot durch die Hütte.

Bonisa presst ihre Hände fester zusammen und betet leise: »Inkosi Jesu, bist du noch bei mir?«

Masenga brummt lauter und mächtiger. Der Ton scheint von allen Seiten der Hütte und aus dem Boden zu kommen. Wie die meisten Zauberdoktoren ist er ein Bauchredner. Jetzt fängt er an, seinen Kopf zu schütteln; dass die Affenschwänze wild herum schwingen. Mit seiner linken Hand schüttelt er seine Halskette, an der die Zähne der wilden Tiere hängen.

»Gib ihr das Amulett unseres Swabonga-Stammes, sodass die Amadhlozi sie beschirmen und sie eine gute und fleißige Swabonga-Frau wird«, befiehlt er.

Ugogo schlurft auf das Mädchen zu, um ihr die Kette um den Hals zu hängen. Dabei sagt die alte Frau: »Die Geister unserer Ahnen beschirmen dich von diesem Augenblick an, und du wirst ein Glied unserer Familie.«

Während sie die Kette um ihren Hals hängen will, tritt Bonisa einen Schritt zurück und sagt deutlich, wenn auch mit zitternder Stimme: »Inkosi Jesu ist mein König; er wird mich beschirmen, und ich darf das Amulett nicht tragen!«

Ugogo lässt die Hand mit dem Amulett sinken und blickt Masenga an.

Die Männer murmeln erschrocken, und aus den Augen des großen Zauberers sprüht flammende Bosheit.

Eine unerträgliche Stille herrscht jetzt in der Hütte.

Bonisas Herz klopft zum Zerspringen.

»Inkosi Jesu, hilf mir!«, betet sie still. Es ist ihr, als höre sie von weit her die Stimme der alten MaRunda von der Missionsstation, wie sie zu ihr sagte: »Inkosi Jesu hat auch gesagt: Wenn ihr mich liebt, so haltet meine Gebote! Daran kannst du erkennen, ob du ihn lieb hast, wenn du seinen Geboten gehorchst.«

Und das will sie gern – ihm gehorsam sein.

Masenga steht auf, die anderen folgen seinem Beispiel. Geisterhaft tanzen die Schatten des Zauberers und all der anderen an der dunklen Hüttenwand.

Jetzt dröhnt die Stimme des Medizinmannes schwer durch die Hütte, als er ausruft:»Wer ist Inkosi Jesu? Ist er etwa mächtiger als der Große Masenga?«

Bonisa fühlt sich klein und schwach, und doch muss sie antworten. So sagt sie im Flüsterton:»Inkosi Jesu ist der große Sohn des Nkulu-Nkulu, und er ist stärker als der Große Masenga.«

In rasendem Zorn schreit er:»Bringt sie heraus! Wir werden die Amadhlozi zu Hilfe rufen. Lasst die Trommeln mit aller Macht erklingen, damit der böse Geist vertrieben wird. Das Kind ist von den Weißen bezaubert worden!«

Draußen vor der Hütte steht Schita. Sie nimmt Bonisas Hand und flüstert:»Aaah ..., du bist ein dummes Mädchen! Trag das Amulett, und du wirst glücklich sein; sonst macht Masenga nämlich kein Opferfest. Aaah ..., er wird dir Medizinen geben; von denen wirst du krank werden, und dann bekommst du Angst.«

»Ich bin nicht allein, Inkosi Jesu wird mir helfen.«

»Aaah ...«, sagt Schita.»Aber Masenga ist viel stärker.«

»Nein«, antwortet Bonisa sehr entschieden,»nein, Masenga ist nicht stärker.«

Nach einiger Zeit kommt Masenga mit dem Großvater und Ugogo aus der Hütte. Sie reden mit den anderen Frauen und Männern, die draußen Platz genommen haben. Dann beginnt ein eifriges Treiben in dem nächtlichen Kral.

Bonisa sitzt auf der Erde neben Schitas Feuer, während die junge Frau ihr erzählt, dass sie vor einigen Jahren auch aus einem anderen Kral gekommen ist. Der Kral gehörte einer Familie, die in Feindschaft gegenüber Bonisas Großvater lebte. Sie musste damals ebenfalls von den bösen Geistern befreit werden, die in ihr steckten. Masenga war gekommen und hatte das Opferfest für sie gehalten.

Zum Glück ist sie danach wieder ganz gesund geworden. Sie

heiratete einen von Dodos Söhnen, einen Bruder von MaWanda, Bonisas Mutter.

Nun begreift Bonisa, dass Schita ihre Tante ist.

Auf Befehl des Zauberers Masenga entzünden einige Frauen in der Hütte, die dem Kral-Eingang am nächsten steht, ein Holzfeuer. Die Frauen tragen einige dicke Holzklötze in die Hütte, die als »Dreifuß« aneinander befestigt werden. Darauf wird ein Topf aus Lehm gesetzt, in dem Wasser ist. Darüber hängen die Frauen einige Kuhhäute, die ein kleines Zelt bilden.

Jetzt befiehlt Masenga, dass Bonisa mit ihm in die Hütte gehen soll.

»Hab keine Angst!«, sagt Schita noch schnell zu ihr.

Bonisa folgt dem Zauberer in seiner geheimnisvollen Kleidung in die Hütte.

Alle blicken ihnen in bebender Ehrfurcht nach, und die Trommeln dröhnen mit ihren dumpfen, monotonen Klängen durch die Nacht.

Bonisa muss sich in das dreieckige Zelt aus Kuhhäuten setzen, dicht neben den Topf, in dem nun das Wasser kocht.

Der »Große Masenga« streut Zauberkräuter in das kochende Wasser. Das sind Kräuter aus dem Wald, Baumblätter, fein gemahlene Pflanzen und Splitter von Baumwurzeln.

Nun bittet er die Geister der Ahnen des Swabonga-Stammes, die bösen Geister, die sich noch in dem Mädchen befinden, zu vertreiben.

Ugogo facht das Feuer noch einmal richtig an und schiebt einige trockene Zweige hinein, sodass die roten Flammen schon bald an dem Lehmtopf in die Höhe lecken und das Wasser mit den Kräutern wild zum Kochen bringen.

Auf dem Topf ist kein Deckel, sodass der dem kochenden Wasser entweichende heiße Dampf aufsteigt und die Luftfeuchtigkeit in dem kleinen Raum unter den Tierhäuten immer weiter zunimmt.

Schon bald fängt Bonisa an, zu niesen und zu husten, weil sie den Kräuterdampf einatmen muss.

Das Zelt wurde von Masenga gut verschlossen, sodass kein Dampf nach außen entweichen kann.

Bonisa stützt ihren Kopf in die Hände. Sie versucht, den schrecklich reizenden Dampf nicht einzuatmen. Aber in dem kleinen Zelt wird die Luft knapp.

Oh, sie muss beim Luftholen unausweichlich den schrecklichen Kräuterdampf einatmen, und der beißt ihr in die Augen und brennt in ihrer Nase und in ihrer Kehle.

Ihr wird so bange – und draußen, in der Nacht, dröhnen die Trommeln immer lauter, als schlügen sie ihr auf den Kopf.

Der Wassertopf kocht und dampft immer weiter. Sie fühlt sich immer schwächer; sie meint, sie müsse sterben! Gern wäre sie geflohen; aber sie kann nicht; denn Masenga, der Zauberdoktor, steht vor der Hütte.

Sie beginnt zu weinen, und in ihrem Schmerz ruft sie: »Inkosi Jesu, siehst du mich noch? Bist du noch bei mir …?«

In ihrem Kopf beginnt sich alles zu drehen. Es fühlt sich an, als würde sie hin und her geschleudert, und auf einmal weiß sie gar nichts mehr.

Als Ugogo einige Minuten später durch einen kleinen Spalt in das Zelt blickt, sieht sie das Mädchen auf dem Boden liegen. Es bewegt sich nicht mehr.

Man ruft den Masenga herbei, und er sagt: »Aaah …, nun ist es gut; die Geister sind von ihr gewichen. Aaah …, so ist es gut. Nun muss die Kuh geopfert werden. Schnell …, schnell …, bevor die bösen Geister zurückkommen.«

Die Frauen holen das Zelt aus Kuhhäuten aus der Hütte und tragen den Wassertopf ins Freie.

Auf dem Boden der Hütte liegt das bewusstlose Mädchen. Dicke Schweißperlen bedecken das Gesicht und den ganzen Körper.

Schita schlüpft in die Hütte und kniet neben Bonisa. Vorsichtig wischt sie ihr den Schweiß vom Gesicht und fühlt den Puls. Voller Mitleid blickt sie auf das bewegungslose Kind. Ja, Schita weiß, wie schlimm das für Bonisa gewesen sein muss; denn als sie in diesem Kral wohnen sollte, hat man mit ihr das Gleiche gemacht. Aber dieses Kind ist noch so jung. Hoffentlich fühlt es sich morgen schon wieder etwas besser! Und Schita nimmt sich vor, für dieses kleine Mädchen zu sorgen.

So legt sie eine Rinderhaut über das verschwitzte Mädchen und hält ihre feuchte Hand fest.

Masenga, der Zauberer, hat sich mitten im Kral zwischen den Hütten am großen Feuer hingesetzt.

Der Großvater und einige weitere Männer bilden neben Masenga einen Kreis um das Feuer.

Eine beklemmende Stille herrscht zwischen den Hütten und unter den Bäumen; denn auch die Tamtams schweigen. Es ist rein gar nichts zu hören.

Niemand rührt sich, bis Kwebu, Schitas Mann, mit einer jungen Kuh hereinkommt, die er auf Masengas Befehl aus dem Vieh-Kral geholt hat. Nur das Schnaufen des jungen Tieres unterbricht die Stille.

Vor der Hütte, in der das bewegungslose Mädchen auf dem Boden liegt, bleibt Kwebu stehen. Auf eine kaum wahrnehmbare Anweisung des Zauberers hin lassen die Jungen wieder ihre Fingerspitzen vorsichtig auf den straff gespannten Trommelfellen ihrer Tamtams tanzen.

Alle lauschen den eintönigen Rhythmen.

Der »Große Masenga« sitzt unbeweglich wie eine Statue und starrt in die Flammen. Er, der große Zauberer, muss nun dafür sorgen, dass die Ahnengeister der Swabongas in das Mädchen fahren, um wieder Leben und Bewegung in sie zu bringen. Das ist dann die neue Wachstumskraft, wodurch sie eine tüchtige, gesunde Swabonga-Frau werden soll.

Die Wachstumskraft ist in dem Blut; darum muss jetzt eine junge Kuh geopfert werden.

Unter Ugogos Leitung sind nun alle Frauen des Krals damit beschäftigt, viele Kalebassen mit Bier zu füllen und sie den Männern zu bringen, die um das Feuer sitzen.

Sobald alle einen tüchtigen Schluck genommen haben, bewegt Masenga seine Hand schnell auf und nieder. Das bedeutet für die Jungen, dass sie jetzt kräftiger trommeln sollen.

Dumpf dröhnen die Trommelschläge in wilden Rhythmen durch die Nacht.

Die Frauen und Mädchen bilden einen Kreis um die junge Kuh, und das Tanzfest beginnt.

Erst langsamer, dann schneller und schneller wiegen sie sich und springen um das beunruhigte Tier herum, aufgepeitscht von dem immer wilderen Dröhnen der Tamtams.

Die hoch aufschlagenden Flammen werfen die eigenartigen Schatten der Tänzerinnen an die Hüttenwände und an die Bäume, während deren schrille Schreie durch den Busch dringen, um die Geister der Ahnen aufzuwecken.

Aus den benachbarten Kralen kommen nun ebenfalls dunkle Gestalten, die das Opferfest angelockt hat. Die Frauen und Mädchen reihen sich in den Kreis der kreischenden Tänzerinnen ein. Die Kuh wird immer aufgeregter, während die Männer in hockender Haltung beim Feuer zuschauen.

Endlich kommt Bewegung in den »Großen Masenga«. Seine Augen richten sich auf Kwebu und auf das Opfertier. Seine Hand durchtastet seinen Beutel, bis er ein langes scharfes Messer hervorholt.

Die Männer rund ums Feuer erheben sich, als sich der »Große Masenga« aufrichtet und mit würdevollen Schritten auf das Opfertier zuschreitet.

Schnell ziehen sich die Frauen schweigend zurück und bilden mit den Männern und Jungen einen neuen Kreis um die Kuh, die man dicht vor die Hütte geführt hat, in der sich Bonisa befindet.

Während einige Männer die junge Kuh ganz festhalten, treibt Masenga mit sicherer Hand das scharfe Messer in die Kehle des Opfertieres, das verblutend vor der Hütte niederstürzt.

»Aaah ..., so ist es gut!« Das Blut fließt über die Erde bis unter die Hütte und versickert dort. Das Blut ist es ja, in dem die Wachstumskraft liegt, so meinen zumindest diese Afrikaner.

Rings um das leblose Tier beginnt nun von Neuem das Tanzen, Schreien und Singen. Große Bier-Kalebassen werden herbeigeschleppt. Männer und Frauen, Jungen und Mädchen machen sich darüber her, während die Tamtams in atemberaubendem Tempo geschlagen werden, sodass deren Töne wie ein schweres Unwetter durch den finsteren Busch dröhnen.

So sollen die Geister der Urahnen aufgeweckt werden und in diesen Kral kommen, um ihm Glück zu bringen.

Stundenlang geht das so weiter, bis die erste Morgendämmerung durch die Bäume dringt. Völlig betrunken und vom Schreien restlos erschöpft, schleppen sich die Leute in ihre Hütten, wo sie todmüde niedersinken und schlafen, bis die Sonne hoch am Himmel steht.

Schita ist in der Hütte bei Bonisa geblieben und hat die ganze Zeit neben dem bewegungslosen Kind gesessen.

Vorhin hat auch Ugogo kurz hereingeschaut. Dabei hat sie gedacht: Nun sind alle in Sicherheit, Bonisa und die ganze Familie, bei der sie jetzt wohnt. Die bösen und fremden Geister aus dem Land jenseits des großen Flusses sind ihr ausgetrieben worden. Auch hat man den Amadhlozi eine junge Kuh geopfert. Außerdem ist die Wachtumskraft des Blutes in die Hütte eingedrungen. Diese Wachstumskraft muss nun in Bonisa hineinkommen und ihr neues Leben geben. Darum ist nun alles in Ordnung. Niemand braucht mehr Angst zu haben. Und das neue Mädchen gehört ab jetzt ganz und gar zum Stamm der Swabongas.

Ugogo ist daraufhin in ihre Hütte geschlurft. Betrunken und ganz erschöpft von dem Geschrei nach den Geistern, fällt sie sofort in einen tiefen Schlaf.

Unruhig wendet Bonisa ihren Kopf hin und her. Ihre Hände tasten über die Rinderhaut, die sie bedeckt. Dabei stöhnt sie leise.

Schita, die sich neben sie auf eine Matte gelegt hat, um ein wenig zu schlafen, richtet sich auf und betrachtet das Mädchen.

Bonisa blinzelt müde. Dann blickt sie verwundert um sich her, doch gleich darauf schließt sie die Augen wieder. Einen Augenblick liegt sie still da. Dann öffnet sie erneut die Augen und schaut Schita lange und fragend an.

»Aaah ...«, sagt Schita, »du lebst ja wieder!«

Bonisa stöhnt und dreht den Kopf hin und her. Dabei flüstert sie kaum hörbar:»Inkosi Jesu!«

Ein Schreck durchfährt Schita. Hat sie richtig gehört? Welchen Namen nannte das Kind? Gespannt blickt sie weiter auf das Mädchen und achtet genau darauf, ob es wieder etwas sagt.

»Du gehörst nun ganz zu uns«, sagt Schita nervös. »Man hat für dich eine Kuh geopfert. Nun bist du von allen Geistern aus Vundlas Land befreit und wirst eine richtige Swabonga-Frau.«

Bonisa blickt sie mit großen traurigen Augen an und sagt leise: »Ich gehöre zu Inkosi Jesu.« Dann kommen ihr die Tränen, und sie beginnt zu weinen.

Schita ergreift vor Schreck ganz fest Bonisas Hände und ruft: »Nein ..., nein ....! Das kann nicht sein. Du gehörst zu uns! Kwebu hat die beste Kuh für dich hergegeben, und Masenga hat sie geopfert. Das Blut des Opfertieres ist im Erdboden versickert, um dir neues Leben zu geben. Nun bist du eine von uns ..., ganz und gar eine von uns.«

Dunkle, schrecklich traurige Augen blicken Schita an, während sie sich über Bonisa beugt, und die schwache Stimme berührt Schitas Herz ganz eigenartig: »Inkosi Jesu ist gestorben. Nur sein Blut kann mir neues Leben geben.« Dann schließt sie die Augen und fällt wieder in einen tiefen Schlaf.

Noch etliche Stunden dauert es, bis Bonisas Kräfte wiederhergestellt sind. Die meisten Stunden des Tages ist sie in Schitas Hütte. Da flechtet sie Schlafmatten und dreht Seile aus den Fasern der Baumrinde. Sie gehorcht Schita sehr willig und tut alles, was ihr aufgetragen wird.

Ab und zu geht sie auch aus dem Kral in den Busch, um Brennholz zu sammeln.

Schita gibt sich große Mühe, um zu verhindern, dass Bonisa in der ersten Zeit mit anderen Familiengliedern im Kral ins Gespräch kommt.

Sie hat Angst, dass das Mädchen dann beginnt, von dem König aus dem heiligen Buch des Umfundisi zu reden.

Und wenn Masenga hört, dass der Geist des Inkosi Jesu noch nicht ausgetrieben worden ist, was mag dann geschehen? Schita fürchtet das Schlimmste.

Masenga duldet im Land der Swabongas neben seiner eigenen Macht keine andere.

Als Bonisa stärker wird, zeigt sie, dass sie schon ziemlich schwere Lasten auf dem Kopf tragen kann. Auch wenn Schita sie zu dem kleinen Flüsschen mitnimmt, ist sie imstande, volle Kalebassen zum Kral zu tragen. Natürlich dürfen sie nicht zu groß sein. Bonisas Freundlichkeit und Hilfsbereitschaft bringen in Schitas hartes Leben eine große Veränderung. Sie fühlt sich immer mehr mit diesem kleinen Mädchen verbunden. Auch hört sie mit größer werdendem Interesse zu, wenn Bonisa von dem Lupanda-Krankenhaus, von dem Umfundisi und vom heiligen Buch des Nkulu-Nkulu spricht.

Schita wird immer klarer, dass Bonisa den festen Willen hat, kein Amulett zu tragen, weil sie allein der Bewahrung durch den Inkosi Jesu vertraut und die Bewahrung durch die Ahnengeister nicht nötig hat. Auch an Masengas Allmacht beginnt Schita zu zweifeln.

Wenn sogar das Opfer ihrer besten Kuh und der Ritus der Geisteraustreibung durch die dampfenden Zauberkräuter sowie die Macht des »Großen Masenga« den Geist des Inkosi Jesu nicht vertreiben können, dann muss er doch wohl ein mächtiger König sein, mächtiger als die Amadhlozi und mächtiger als der »Große Masenga«!

Die Abende, an denen sie in Schitas Hütte beim Holzfeuer sitzen, sind für alle zusammen die schönste Zeit des Tages. Erst noch sehr vorsichtig, dann aber immer mutiger, erzählt Schita ihrem Mann alles, was sie von Bonisa gehört hat.

Kwebu wird nicht böse darüber. Er hört andächtig zu, warnt Schita aber, Großvater Dodo irgendetwas davon zu berichten.

Währenddessen reift in Kwebus Kopf ein Plan. Er will das Land der Swabongas verlassen und den großen Schandingu-Fluss durchqueren, um in das Land der Lupanda-Hügel zu gelangen.

Er hat nämlich von Vater Dodo gehört, dass im Süden der Lupanda-Hügel in den Bergwerken Arbeit zu finden ist. Viele Afrikaner sind schon dorthin gezogen. Dann kann er sich selbst einen Kral erwerben und schöne Kleidung sowie leckeres Essen kaufen.

Kwebu ist ein junger zielstrebiger Afrikaner, der nicht für immer im Kral seines Vaters wohnen möchte.

Aber die Furcht vor Masenga liegt lange Zeit wie ein dunkler Schatten über seinem Plan; denn niemand darf das Volk und das Land der Swabongas ohne Masengas Zustimmung verlassen.

Während Kwebu monatelang seinen Plan vorbereitet, für immer den Kral seines Vaters zu verlassen, tut Bonisa gehorsam und willig ihre Arbeit. Sie hat beim Pflanzen und Jäten der Maisfelder geholfen. Sie hat verschiedene Baumwurzeln gesucht, um für Schitas Schilfkörbe Farbe zu besorgen. Und in kindlicher Einfachheit erzählt sie auch allen, die danach fragen, vom Umfundisi, vom Lupanda-Krankenhaus, von dem heiligen Buch und von Inkosi Jesu. Und weil alle Bonisa gern leiden können, werden ihre Geschichten auch nur an solche weitergegeben, die nichts davon dem Großvater Dodo und schon gar nicht dem Zauberer Masenga berichten. Ja, Gott selbst sorgt dafür, dass dieser kleinen Missionarin kein weiteres Leid geschieht. Er kann Ohren öffnen und Ohren verschließen, sodass nur die etwas davon erfahren, in deren Herzen Gott ein Verlangen entdeckt, aus den Fesseln der Zauberei befreit zu werden.

Sogar in verschiedenen Kralen der Umgegend wird bekannt, dass in Dodos und Ugogos Kral ein Mädchen lebt, das von jenseits des großen Schandingu-Flusses gekommen ist. Und dass dieses Kind den Geist von Inkosi Jesu in sich hat – einen Geist, der mächtiger ist als der des großen Zauberers Masenga. Er konnte ihn nämlich nicht austreiben.

Dieses Mädchen erzählt auch, dass im Süden, weit entfernt im Lupanda-Tal, ein weißer Mann wohnt, ein Diener dieses mächtigen Inkosi Jesu.

Dieser Umfundisi kann kranken Menschen helfen, sogar Blinden öffnet er die Augen. Er kann bezauberte Menschen von bösen Geistern befreien, die sie krank gemacht haben.

Und wenn dieser Umfundisi kommt, braucht man für seine Medizinen kein Vieh oder andere Dinge zu bezahlen. Aaah …, so etwas haben sie noch nie gehört. Jeder afrikanische Medizinmann fordert Vieh oder Mais als Bezahlung.

Der Umfundisi wurde von seinem König in das Tal geschickt, um allen Kranken zu helfen. Sogar Menschen, die von einer giftigen Schlange gebissen wurden, konnte er heilen.

Und der weiße Mann erzählt auch aus dem Buch von Nkulu-Nkulu. In dem Buch steht, welche Gebote Nkulu-Nkulu den Menschen gegeben hat. Darin steht auch, dass Inkosi Jesu stark genug ist, die schlimmsten Krankheiten zu heilen.

Besonders beim Wasserholen reden die Frauen von all diesen Sachen.

So wird, durch eine unsichtbare Macht geleitet, der Name des Königs Jesus als des einzig wahren »Medizinmeisters« in einem Land ausgebreitet, das noch ganz in der Finsternis liegt und worin der Name Gottes vorher völlig unbekannt war.

Niemand redet laut von ihm, oh nein; denn wenn Masenga das hört, wird er alles daransetzen, um das zu verhindern.

Die meisten Swabonga-Leute wissen, dass man in der Öffentlichkeit nur den Zauberer Masenga loben darf. Alle wissen, dass der »Große Masenga« wie ein wildes Tier brüllt, wenn er von einem Medizinmann hört, der mächtiger sein soll als er selbst.

Die Stimme des Guten Hirten

Eines Abends, als Schita und Bonisa wieder einmal am Feuer sitzen, kommt Schitas Mann zu Besuch. Hinter ihm stolpert ein ausgezehrter Junge in die Hütte.

Sie hocken sich hin und blicken schweigend auf die Glut. Bonisa fällt ein eigenartiger Gesichtsausdruck bei dem mageren Jungen auf. Sein Kopf ist etwas nach vorn gebeugt, und seine Hände tasten suchend auf dem Hüttenboden umher. Gleichzeitig sind die eingefallenen Augen fast geschlossen.

»Oooh ...«, sie versteht: Der Junge ist blind.

Kwebu blickt Bonisa an und fragt:»Kann der weiße Mann die Augen dieses Jungen heilen?«

Nach ernstem Nachdenken antwortet sie:»Inkosi Jesu kann es wohl, und der Umfundisi hat Senjas Augen operiert. Senja hatte Feuer in den Augen.«

»Aaah ...«, sagt der Junge,»ich hatte auch Feuer in meinen Augen, da wurde ich zum Medizinmann gebracht. Der hat mir etwas in die Augen getropft, das tat schrecklich weh, schrecklich weh. Und danach wurde es in meinen Augen ganz dunkel. Nun wohne ich in einem Land, in dem es immer dunkel ist.«

»Oooh ..., geh zu dem Umfundisi. Er wird dir helfen, und du brauchst kein Geld zu bezahlen«, sagt Bonisa fröhlich.

Ein hoffnungsvolles Lächeln zieht über das magere Jungengesicht. Aber schon bald kehrt der trostlose Ausdruck seiner geschlossenen Augen zurück, als er sagt:»Der Fluss ist breit und tief, und die Krokodile sind gefährlich.«

Wieder ist es still in der Hütte. Keiner der vier redet ein Wort.

Jetzt steht Kwebu auf und schließt sorgfältig die Hüttentür. Dann sagt er flüsternd:»Hört zu, ich habe einen Plan. Niemand im Kral darf etwas davon wissen, nur ihr ..., denn ihr müsst mir dabei helfen.«

Gespannt blicken alle auf Kwebu, als er erklärt, was er vorhat:

Alle vier müssen versuchen, das Swabonga-Land zu verlassen. Kwebu hat mit Kekulu, seinem Neffen, schon den kürzesten Weg zum großen Fluss ausgekundschaftet. Die Regenzeit ist vorüber. Nun ist das Wasser des Flusses so niedrig, dass sie wohl hindurchwaten können.

Bonisas Herz klopft laut vor Aufregung.

Darf sie mit Kwebu reisen? Zurück ins eigene Land, und darf Schita mit? Sie kann es beinahe nicht glauben.

Ihre Freude wird allerdings etwas gebremst, als Kwebu sagt, dass er sich vor Masengas Macht fürchtet.

Na, klar …, wenn der große Zauberer erfährt, dass sie sein Land ohne seine Zustimmung verlassen wollen, dann wird er sicher sehr zornig werden! Er wird seine Leute hinter ihnen herschicken, um sie aufzuspüren.

Aber Kwebu will es trotzdem versuchen.

Nach drei Nächten, wenn der Mond ganz tot ist und kein Licht gibt, soll die Reise beginnen.

So leise wie möglich verlassen sie in der abgesprochenen Nacht zu dritt Dodos Kral – Kekulu wird später zu ihnen stoßen. Kwebu läuft voran, gefolgt von Schita, die einen Maiskorb und einen Kochtopf aus Lehm auf ihrem Kopf trägt. Bonisa bildet den Schluss. Sie trägt einen Rock aus Antilopenhaut und ein Umschlagtuch aus Tierfell, das um ihre Schultern geknüpft ist. Ihr gelbes Kleidchen, das sie auf der Missionsstation geschenkt bekommen hat, darf sie jetzt nicht tragen. Das liegt in Schitas Korb unter den Maiskolben. Jeder würde sie erkennen, wenn er Bonisa in ihrem gelben Kleid sähe.

Es ist eine dunkle Nacht.

Vom Mond ist nichts zu sehen, und am Himmel treiben schwarze Wolken. Vorsichtig gehen sie den Buschpfad entlang, bis Kwebu den Ruf der Nachtschwalbe nachahmt. Nach einigen Sekunden hören sie aus dem Busch dasselbe trillernde Geräusch.

Nun wissen sie, dass alles in Ordnung ist; denn Kekulu beantwortet den Ruf der Nachtschwalbe zum Zeichen dafür, dass alles sicher ist.

Der blinde Junge steht irgendwo im Wald auf seinem Wachtposten. Er hat eine Ziege an einem Tau bei sich. Das Tier geht mit auf die Reise in den Süden.

Sie sind schon eine lange Zeit gelaufen, da trägt der Nachtwind den Geruch von warmem Bier heran, und Kekulu riecht außerdem den Rauch von Holzfeuer.

»Wir kommen an einem Kral vorbei«, sagt er, noch bevor die anderen das feststellen. Der blinde Junge ist gewohnt, mithilfe seines Geruchs Dinge festzustellen, die andere Menschen meist nur mit ihren Augen wahrnehmen.

So leise wie möglich schleichen sie vorbei. Da kommt Bewegung in die Sträucher, und eine tiefe Stimme fragt, wohin die Reise geht.

»Zum Medizinmann«, antwortet Kwebu.

»Aaah …, zum Großen Masenga, dann ist alles in Ordnung«, sagt der Wachtposten des nahe gelegenen Krals und verschwindet zwischen den Sträuchern des Waldes.

Sie laufen die ganze Nacht hindurch und erreichen beim ersten Morgenlicht das Ufer des großen Schandingu-Flusses.

Die Kronenkraniche verlassen ihren Schlafplatz in den hohen Waldbäumen und schwingen sich über das weite Wasser des Flusses, indem sie langsam mit den Flügeln schlagen und tiefe Basstöne ausstoßen.

Schita und Bonisa sind sehr müde; aber sie dürfen nicht ausruhen. Erst müssen sie das jenseitige Ufer erreicht haben.

Kwebu steigt als Erster zum Ufer hinab und misst danach bei jedem Schritt mit seinem Stock die Wassertiefe.

Zum Glück ist es nicht allzu tief, trotzdem reicht es Bonisa fast bis an die Schulter.

An dieser Stelle des Flusses liegen keine Steine, über die man laufen könnte, und der Sand haftet manchmal schwer an den Füßen.

Kekulu muss mit der Ziege am Ufer warten, bis Kwebu seine Frau und das Mädchen an das andere Ufer gebracht hat.

Danach kehrt Kwebu zurück und trägt die Ziege auf seiner Schulter, während sich Kekulu dicht hinter ihm durch das Wasser quält.

Nach einer langen und mühseligen Reise stehen sie endlich am frühen Morgen in dem Land, nach dem sich Bonisa so sehr gesehnt hat – in dem Land, wo das Buch von Nkulu-Nkulu bekannt ist. Kwebu will sofort weiterreisen. Er befürchtet, dass Masenga von seiner Flucht erfährt und ihm seine Buschläufer nachschickt.

Bonisa blickt noch einmal über den großen Fluss zurück – in jenes Land, in dem sie so viel Kummer erlebt hat.

Plötzlich sagt Kekulu: »Nun ist niemand mehr in unserem Swabonga-Land, der von Inkosi Jesu erzählen kann.«

»Das wollen wir dem Umfundisi sagen«, antwortet sie leise.

Zwei Tage und zwei Nächte lang irren sie auf der Südseite des großen Flusses durch menschenleeren Busch. Bonisa kennt den Weg nicht, und auch Kwebu weiß nicht, wo er entlangführt. So geraten sie immer weiter ostwärts, und nirgends ist eine Spur von der Missionsstation zu finden. Manchmal ruhen sie ein wenig. Dann machen Kwebu und Kekulu ein Feuer, auf dem Schita ihre Maiskolben rösten kann. Trinken können sie aus den kleinen Regenbächen. Dann geht es wieder stundenlang weiter.

Bonisa kommt ans Ende ihrer Kräfte. Die Spannungen der vergangenen Monate haben ihr sehr zugesetzt. Das wirkt sich nicht nur auf ihren Körper, sondern auch auf ihre Seele aus. Sie kann sich gar nicht mehr an Inkosi Jesu freuen, auch hört sie seine Stimme nicht mehr. Die Erinnerung an den Umfundisi wird immer schwächer und undeutlicher, wenn sie ihn auch nie vergessen kann. Ob sie wohl jemals das Haus des weißen Mannes finden werden?

Sie bekommt Fieber und will im Busch auf der Erde liegen bleiben. Aber das geht natürlich nicht. Sie würde den wilden Tieren zum Opfer fallen.

Kwebu macht sich Sorgen, dass die Ahnengeister aus dem Swabonga-Land böse auf ihn sind, weil er das Land verlassen hat. Vielleicht wurde Bonisa darum krank?!

Mutlos schleppen sie sich weiter durch den schier endlos weiten Busch. Jetzt trägt Kwebu das kranke Mädchen auf dem Rücken – laufen kann sie nicht mehr. Und Kekulu muss die ganze Zeit die unwillige Ziege hinter sich herschleifen, denn das Tier wird immer störrischer, während sie weiterlaufen.

Als sie zur Abenddämmerung des dritten Tages ein Holzfeuer gemacht haben und den letzten Rest von dem Mais zubereiten, ist Bonisa wirklich ernstlich krank. Ihr wird schwindlig vom Fieber, und sie ruft nach dem Umfundisi.

Schita und Kwebu wissen nicht mehr, was sie machen sollen.

Auch Kekulu bekommt es mit der Angst zu tun. Wenn sie die Missionsstation nicht finden, können auch seine Augen nicht besser werden.

Sie fahren zusammen, als plötzlich ein Mann auf sie zukommt. Dieser grüßt sie aber freundlich und hockt sich zu ihnen ans Feuer. Er erkundigt sich, woher sie kommen. Er sieht ihre ängstlichen Gesichter, aber er erhält keine Antwort. Schita legt tröstend ihren Arm um Bonisa, die unter der Antilopenhaut ganz nah beim Feuer liegt und stöhnt.

Der Mann spricht freundlich mit ihnen und erzählt, dass er ein Lehrer in der Missionsschule von Zendigho ist. Er will die Kranke und auch alle anderen in seinen Kral mitnehmen. Dort können sie Essen und einen guten Schlafplatz für die Nacht bekommen.

Auf einem schmalen Fußpfad, der sich durch dicht bewachsenes Buschland windet, zieht die kleine Gruppe erschöpfter Wanderer zu Reubens Kral. In der Hütte aus rotem Lehm werden sie von der Familie des afrikanischen Lehrers freundlich empfangen.

Reuben übergibt seiner Frau Mhody das kranke Kind, damit sie es intensiv pflegen kann.

Für Schita und Kwebu ist solch ein Empfang etwas völlig Neues. Im Swabonga-Land ist es nicht üblich, Fremde so herzlich aufzunehmen. Sie merken, dass in Reubens Wohnung die gleiche Freundlichkeit und Hilfsbereitschaft herrscht, die sie an Bonisa kennengelernt haben.

Weil sie so freundlich versorgt werden, fragt Schita den Lehrer Reuben schüchtern: »Ist Inkosi Jesu auch dein König?«

Erstaunt und verwundert blickt Reuben Schita an. Woher weiß diese Frau, die noch mit Tierhäuten bekleidet ist und wahrscheinlich aus dem tiefsten Swabonga-Land kommt, etwas von dem Namen des Inkosi Jesu?

In einer Kammer von Reubens Wohnung wird Bonisa auf den Boden gebettet. Zur Vorsicht breitet Mhody ein Moskitonetz über Bonisa aus, damit das Ungeziefer ferngehalten wird.

Bonisa wendet dauernd ihren Kopf hin und her, und ihre Hände fahren unaufhörlich über die Decke.

Reuben und Schita stehen bei dem kranken Kind, das sich so

verhält, als suche es etwas, was es verloren hat. Die geflüsterten Worte sind nicht zu verstehen.

Schita hockt sich neben die Schlafmatte und hält Bonisas Hände fest. Nun liegt die Kranke einen Augenblick still, schlägt die Augen auf, blickt Schita an und sagt leise:»Ich höre seine Stimme nicht mehr.«

Dann fallen die Augen wieder zu, und sie wird aufs Neue vom Fieber geschüttelt.

»Von welcher Stimme redet sie?«, fragt Reuben.

»Von der Stimme des Hirten«, antwortet Schita.

Noch verwunderter starrt Reuben auf Schita und auf das kranke Kind.»Nun sag mir, wer ihr seid!«, bittet er dringend.»Ihr nennt den Namen des Inkosi Jesu und sprecht über die Stimme des Hirten. Erzähl doch mal!«

Für Reuben, den afrikanischen Missionslehrer, und seine Frau wird dies der wundersamste Abend, den sie je erlebt haben.

Bis tief in die Nacht hören sie Bonisas Geschichte, die Schita und Kwebu ihnen erzählen.

Tief berührt werden sie, als Schita berichtet, dass Bonisa nach dem Erwachen aus dem Ausdampfungsritus des »Großen Masenga« als erste Worte den Namen des Inkosi Jesu aussprach. Von diesem Augenblick an sind in Schita Zweifel an der Allmacht des Zauberers aufgekommen.

Aufgrund des festen kindlichen Glaubens von Bonisa haben sie es gewagt, mit dem blinden Kekulu das Swabonga-Land zu verlassen.

Bonisa hat immer die Stimme in ihrem Herzen gehört:»Meine Schafe hören meine Stimme … und sie folgen mir.« Sie hat immer daran festgehalten; aber nun ist sie so niedergeschlagen, weil sie die Stimme des Hirten nicht mehr hört.

Lange Zeit ist es ganz still in der Stube.

Wieder öffnet Bonisa die Augen. Sie blickt sich fragend und suchend um.

Reuben nimmt seine Bibel und kniet sich neben Bonisa hin. Er sagt zu ihr:»Hier ist Gottes Wort … Höre auf die Stimme des Hirten, die aus diesem Buch spricht.« Langsam liest er deutlich in der Sprache, die Bonisa versteht, den Psalm 23: »Der Herr ist mein Hirte ...«

Danach bittet er Gott um Genesung für das kranke Kind. Er dankt dem Großen Hirten, der dieses kleine Schaf nach so vielen Prüfungen zur Gemeinschaft der Missionare zurückgebracht hat. Er bittet auch um Stärkung ihres Glaubens, damit sie die Stimme des Hirten erneut hören kann.

Nach Reubens Gebet blickt das Kind ihn an und streckt die Hände nach der Bibel aus. Da kommen dem schwarzen Lehrer die Tränen. Er hockt sich wieder neben sie und legt ihr die Bibel in die Hände.

Ein feines Lächeln gleitet über ihr Gesicht, als sich ihre Hände um das heilige Buch schließen. Leise flüstert sie: »Danke, Inkosi Jesu!«

Mit der Bibel in den schmalen dunklen Händen fällt sie wieder in tiefen Schlaf zurück.

Einige Tage später reist Reuben mit dem blinden Kekulu zum Lupanda-Krankenhaus. Die Ziege geht auch mit. Sie soll ein Geschenk für den Umfundisi sein.

Der Junge wird sofort ins Krankenhaus aufgenommen; aber dem Blinden die Augen zu öffnen, gelingt dem Missionar nicht.

Senja, der Gärtner auf der Missionsstation geworden ist, tröstet Kekulu und erzählt ihm, dass der Umfundisi ihm von dem großen Licht berichten wird, das in dunkle Herzen scheint.

Kekulu bekommt einen festen Wohnplatz auf der Missionsstation und wird ein guter Freund und Helfer für Senja.

Reuben bleibt einen Abend im Missionshaus, um Jhula, Amos, MaRunda, dem Missionar und dessen Frau Bonisas wundersame Geschichte zu erzählen.

Im ganzen Lupanda-Krankenhaus wird dem Herrn für seine treue Bewahrung gedankt und dafür, dass er Bonisa sicher wieder in ihr Land zurückgebracht hat.

Gottes Wege sind unergründlich. Aber er hat es so gefügt, dass Bonisa die Reise zu den Swabongas machen musste, damit sie dort einige Monate als eine kleine Missionarin wohnen konnte, um von dem Herrn Jesus zu erzählen.

Durch ihren Aufenthalt in Dodos Kral wurde der Name des »Großen Medizinmeisters«, Jesus Christus, im Swabonga-Land bekannt gemacht.

Der Missionar verabredet sich mit Reuben und Amos, die lange und beschwerliche Reise in den Norden zu unternehmen, um mit der Hilfe des Herrn auch dort eine Missionsstation zu errichten.

Bonisa ist einige Wochen später wieder völlig stark und gesund. Sie darf bei Reuben und Mhody wohnen.

Tagsüber kann sie dann in die Missionsschule von Zendigho gehen, wo Reuben unterrichtet.

So beginnt für Bonisa ein völlig neues Leben. Sie wird von Reuben gut ausgebildet. Er verspricht ihr, dass sie ebenfalls Lehrerin werden darf. Dann kann sie später den Kindern ihres eigenen Volkes von dem Großen Hirten erzählen, der seine Schafe niemals verderben lässt.

»Er (sah) eine große Volksmenge, und er wurde innerlich bewegt über sie, weil sie wie Schafe waren, die keinen Hirten haben« (Markus 6,34).

»Dann spricht er zu seinen Jüngern: Die Ernte zwar ist groß, die Arbeiter aber sind wenige. Bittet nun den Herrn der Ernte, dass er Arbeiter in seine Ernte aussende!« (Matthäus 9,37-38).

»Geht nun hin und macht alle Nationen zu Jüngern und tauft sie auf den Namen des Vaters und des Sohnes und des Heiligen Geistes und lehrt sie, alles zu bewahren, was ich euch geboten habe« (Matthäus 28,19-20).

Nachwort des Übersetzers

Das ist die auf einer wahren Begebenheit beruhende, bewegende Geschichte der kleinen »Missionarin« Bonisa.

Lesern, denen solche Erfahrungen einer Achtjährigen unglaubwürdig erscheinen, sei gesagt, dass Gott auch schon so junge Menschen hin und wieder in eine entschiedene Nachfolge berufen hat – wie etwa den gerade »entwöhnten« Samuel in der Bibel oder auch die Autorin dieses Buches (siehe ihre Biografie *Waar U ons zendt* von Tineke Smith im Verlag *Uitgeverij de Banier*).

Bonisa, ein schwarzes Kind, kam um 1960 mit ihrer Mutter und ihrem kleinen Bruder, den diese auf dem Rücken trug, auf die Missionsstation. Sie zeigte von Anfang an großes Interesse an der Botschaft des Evangeliums. Die Autorin hat sie bei ihren ausgedehnten Besuchen selbst nicht gesehen, jedoch glaubwürdige Zeugen befragt, bevor sie das Buch schrieb. Auch hat sie sich mit dem Leben und den Denkgewohnheiten der Menschen dort eingehend vertraut gemacht. Das von der Autorin gegründete Missionswerk hieß später »Bonisa-Mission« und war nicht nur im heutigen Simbabwe, sondern auch im südlichen China tätig. So kam die Verfasserin auch in Kontakt mit Gladys Aylward, deren Leben sie ebenfalls in gut lesbarer Form beschrieben hat (M. A. Mijnders-van Woerden, *Gladys Aylward, Die Frau mit dem Buch*, Bielefeld: CLV, 2008).

Worterklärungen

Assagai   Wurfspieß eines Bantustammes im südlichen Afrika

Chief   Englisch für »Häuptling«: »Chief Gambo« bedeutet svw. »Häuptling Gambo«.

Gnu   Große süd- und ostafrikanische Antilope

Honiganzeiger   Sammelbezeichnung für 17 kleinere und größere Arten aus der Ordnung der Spechtvögel, die zum größten Teil in Afrika leben. Seinen Namen verdankt der Honiganzeiger einer interessanten Verhaltensweise: Hat er ein Bienennest aufgespürt, macht er Menschen in seiner Umgebung durch entsprechende Töne und dadurch darauf aufmerksam, dass er vor ihnen herfliegt, bis sie das Nest gefunden haben (vgl. Kapitel 10).

Hungerödem   Gewebewassersucht infolge von chronischer Unterernährung bzw. Mangelernährung. Ursache des Hungerödems ist der Eiweißmangel.

Impala   Afrikanische Schwarzfersenantilope (südlich der Sahara)

Kalebasse   Aus den sehr großen, hartschaligen Früchten des gleichnamigen tropischen Baumes hergestelltes Gefäß

Kral   Runddorf bzw. Einzelgehöft afrikanischer Stämme

Kudu   Afrikanische Antilopenart

Mamba   Afrikanische Giftschlange

Ritual	besonderer Brauch, der für die Anhänger einer bestimmten Religion maßgeblich und vorgeschrieben ist
Schlitten	Bei dem in Kapitel 8 erwähnten »Schlitten« handelt es sich nicht um einen Rodelschlitten, sondern um ein von Ochsen gezogenes Gefährt, das keine Räder, sondern Kufen hat.
Umfundisi	Ein besonders unter den Zulus im Süden Afrikas gebräuchlicher Titel, womit z. B. ein hochgeachteter und weiser Lehrer bzw. Missionar angeredet wird
Zauberdoktor	In diesem Buch ist darauf zu achten, dass die Begriffe »Medizinmann« und »Zauberdoktor« in der gleichen Bedeutung gebraucht werden, wobei der letztgenannte Ausdruck eher der Umgangssprache entstammt. Von »Medizinmann« ist »Medizinmeister« zu unterscheiden – ein Begriff, der in diesem Buch nur für den Herrn Jesus verwendet wird.